Simona Meyer

FRÜHER WAR ALLES LEICHTER
Ich zum Beispiel

Simona Meyer

FRÜHER WAR ALLES LEICHTER

Ich zum Beispiel

mvgverlag

Bibliografische Information der Deutschen Nationalbibliothek
Die Deutsche Nationalbibliothek verzeichnet diese Publikation in der Deutschen Nationalbibliografie. Detaillierte bibliografische Daten sind im Internet über http://dnb.d-nb.de abrufbar.

Für Fragen und Anregungen:
info@mvg-verlag.de

2. Auflage 2018

© 2017 by mvg Verlag, ein Imprint der Münchner Verlagsgruppe GmbH,
Nymphenburger Straße 86
D-80636 München
Tel.: 089 651285-0
Fax: 089 652096

Alle Rechte, insbesondere das Recht der Vervielfältigung und Verbreitung sowie der Übersetzung, vorbehalten. Kein Teil des Werkes darf in irgendeiner Form (durch Fotokopie, Mikrofilm oder ein anderes Verfahren) ohne schriftliche Genehmigung des Verlages reproduziert oder unter Verwendung elektronischer Systeme gespeichert, verarbeitet, vervielfältigt oder verbreitet werden.

Umschlaggestaltung: Manuela Amode
Umschlagabbildung: shutterstock/Marianna Pashchuk
Satz: Satzwerk Huber, Germering
Druck: GGP Media GmbH, Pößneck
Printed in Germany

ISBN Print 978-3-86882-844-3
ISBN E-Book (PDF) 978-3-96121-083-1
ISBN E-Book (EPUB, Mobi) 978-3-96121-084-8

Weitere Informationen zum Verlag finden Sie unter

www.mvg-verlag.de

Beachten Sie auch unsere weiteren Verlage unter www.m-vg.de

INHALT

Vorwort 9

1. KAPITEL
Illusion Nummer 1: »Wenn man älter wird, wird alles leichter« 13

2. KAPITEL
Illusion Nummer 2: »Wenn ich älter werde, werde ich leichter« 29

3. KAPITEL
Illusion Nummer 3: »Mit den richtigen Mitteln kann man
die Natur austricksen« 41

4. KAPITEL
Illusion Nr. 4: »Irgendwann mache ich das« 49

5. KAPITEL
Illusion Nr. 5: »Wir können alles haben« 61

6. KAPITEL
Illusion Nr. 6: »50 ist das neue 40« 69

7. KAPITEL
Illusion Nr. 7: »Wir haben für alles noch ewig Zeit« 77

8. KAPITEL
Illusion Nr. 8: »Gemeinsam alt werden ist ein Kinderspiel« 91

9. KAPITEL
Illusion Nr. 9: »Wir sind nie zu alt für Abenteuer« 107

10. KAPITEL
Illusion Nr. 10: »ICH werde niemals wunderlich« 119

11. KAPITEL
Illusion Nr. 11: »Mode kennt kein Verfallsdatum« 133

12. KAPITEL
Illusion Nr. 12: »Ich bin zu alt für so ein Theater« 143

13. KAPITEL
Illusion Nr. 13: »Ab einem gewissen Alter zählen innere Werte« 155

14. KAPITEL
Illusion Nr. 14: »Nach 30 verändert man sich nicht mehr groß« 171

15. KAPITEL
Illusion Nr. 15: »Am Ende kriegt jede das, was sie verdient« 181

Schlusswort 187

Für alle starken Frauen in meinem Leben –
dank euch muss ich da zumindest
nicht alleine durch

VORWORT

Im Grunde ist mein Handy schuld. Ich suchte irgendetwas darauf, vermutlich den Regenradar oder die App, die mir sagt, wann ich wieder zur Zahnzwischenraumreinigung muss. Jedenfalls scheine ich irgendwie auf den falschen Knopf gekommen sein, denn mich starrten plötzlich zwei furchterregende Augen an. Kurz dachte ich, ich hätte aus Versehen die Grüffelo-Spiele-App meines Sohnes geöffnet, die ich einst für Ungeduld-Notfälle heruntergeladen hatte (für alle ohne Kinderbuchkenntnisse: der Grüffelo ist ein Monster – und keines der putzigen Sorte). Nach dem ersten Schreck dauerte es einige Momente, bis ich verstand: Es waren meine Glubscher, die mich da anblickten. Ich hatte unabsichtlich die Selfie-Funktion der Kamera ausgewählt. Und so sahen meine Augen anscheinend aus, wenn ich mich nach vorne beugte – wie die vom Grüffelo. Rot umrandet. Mit hängenden Tränensäcken über tiefen schwarzen Taschen. So hatte ich mich noch nie gesehen. Ich probierte die gleiche Lage mit Spiegeln aus. Ich testete sie bei verschiedenen Lichtverhältnissen, vor und nach der Anwendung von sündhaft teuren Seegurkenleich-Cremes und acht Stunden Schlaf. Das Ergebnis war immer das Gleiche: Wenn ich mich nach vorn beugte, geriet meine Haut auf eine Art und Weise außer Form, die mir bisher komplett entgangen war.

Das war der Tag, an dem ich es wusste: Ich werde alt.

Kann ja so überraschend nicht gewesen sein, könnte man meinen, schließlich hatte ich jedes Jahr Geburtstag gefeiert, und die

Kerzen hatten immer schlechter auf den Kuchen gepasst. Aber irgendwie traf es mich trotzdem unvorbereitet. Ein naiver Teil von mir war fest davon ausgegangen, dass ich immer die pausbäckige 26-Jährige bleibe, der man attestiert, sie sähe fünf Jahre jünger aus. Ich hatte irgendwie verpasst, dass das sehr lange niemand mehr zu mir gesagt hatte. Innerlich hatte sich für mich nicht merklich viel verändert, ich hatte immer noch eher unanständige Träume von den Freunden von Rory Gilmore als von denen ihrer Mutter Lorelai. Ich trug immer noch gern Blümchenkleider und Pferdeschwanz und sang Adele-Songs in meinen Fön.

Und trotzdem: Mein Körper war älter geworden.

Klammheimlich hatte das Miststück Falten gebildet, Dellen und Rillen an den unmöglichsten Stellen, es hatte Speckröllchen für harte Winter angelegt. Es weckte mich nachts plötzlich mehrfach mit dem Wunsch nach einer Toilette, schleppte mich mit Kreuzbeschwerden zur Cranio-Sakral-Therapie und mit hormonell bedingtem Kopfschmerz zur Tiefenmeditation – immer vortäuschend, das sei alles vorübergehend. An jenem Tag, an dem mir erstmals bewusst wurde, dass mein Körper alterte, ohne mich schonend darauf vorzubereiten, dämmerte mir:

Meine kleinen und großen Baustellen waren gekommen, um zu bleiben.

Und das war nur die körperliche Seite. Als auch zu mir durchgedrungen war, dass ich wirklich über 40 war, wurde mir bewusst, dass sich durchaus auch innerlich etwas verändert hatte. Dass ich seit Längerem Bilanz zog. Mich fragte, was eigentlich aus mir geworden war. Schließlich haben wir alle, wenn wir als kleines Mädchen mit unseren Puppen spielen, diese Person im Kopf: Die wir sein werden, wenn wir erwachsen sind. Von der wir hoffen, dass wir sie eines Tages sein werden.

War ich diese Frau geworden? Und gab es da überhaupt noch Spielraum, jetzt, wo nichts mehr wuchs und gedieh, sondern höchstens verschrumpelte und verwelkte? Meine eigenen Ziele hatte ich jedenfalls mitnichten erfüllt. Ich hatte weder den großen deutschen Gesellschaftsroman geschrieben noch mir das dicke Fell zugelegt, das ich mir immer schon wachsen lassen wollte. Auch aus der Nacht mit einem Filmstar war nichts geworden. War ich gescheitert?

Das waren die Überlegungen, die mich dazu inspirierten, dieses Buch zu schreiben. Weil jede von uns irgendwann dieser Moment heimsucht, in dem sie realisiert, dass die zweite Lebenshälfte sich rasant nähert oder längst begonnen hat. Und es tröstlich ist, wenn man den Schock teilen kann. Räumen wir gemeinsam auf mit den großen Illusionen, die wir uns über das »später« gemacht haben, das plötzlich da ist. Weil es heilsam sein kann, sich bewusst zu machen, dass man sich etwas vorgemacht hat. Dass man nicht allein damit ist. Und vor allem: Versuchen wir, herauszufinden, wie wir es locker nehmen können, dass alles schwerer ist, als wir uns das vorgestellt haben – das Loslassen, das Zufriedensein, das Ankommen, das vernünftig sein – und wir.

1. Kapitel

ILLUSION NUMMER 1: »WENN MAN ÄLTER WIRD, WIRD ALLES LEICHTER«

In meiner Studienzeit hatte ich einen besten Kumpel. Dieser Freund war ziemlich klug. Er sagte eines Tages zu mir, ich würde unter »negativem Egozentrismus« leiden. Ich bezöge alles, was sich gegen mich verwenden lasse, auf mich.

Zwei tuschelnde Frauen in der Schlange zur Kinokasse? Reden bestimmt darüber, dass ich mir den Rock mit meinen Beinen nicht leisten kann.

Ich höre länger nichts von einer Freundin? Schätze, sie hat sich mit einer anderen gegen mich verbündet.

Sie haben meine Lieblingsserie abgesetzt? Die Anweisung kommt von ganz oben und ist meine Strafe dafür, dass ich neulich gelogen habe, als ich behauptete, man würde gar nicht sehen, dass Beate es ewig nicht zum Friseur geschafft hat.

Und so geht das immer weiter. Eine wirklich nervige, Kraft raubende Schwäche, die mein Kumpel damals aufdeckte, und an der ich mich seither abarbeite. Immer, wenn die innere Stimme mir zuflüstert, dass sich da etwas über mir zusammenbraut, halte ich ihr entgegen:

»Schnauze, es dreht sich nicht alles um dich!«

Leider fruchtete meine Eigentherapie nicht. Wieder einer dieser Punkte, von denen ich dachte: Wenn ich erwachsen bin, wird es vergehen. Wie die Pickel, von der der Hautarzt sagte, dass sie mit der Pubertät verschwinden. Oder die kleinen Brüste, von denen meine Mutter behauptete, sie wüchsen auch noch nach 20. Hat alles nicht gestimmt. Ich trage immer noch A-Körbchen, benutze Unmengen Abdeckstift und denke bei Ansammlungen anderer Frauen, sie würden gemeinsam einen Schlachtplan gegen mich entwickeln.

Und da wären wir schon, bei der ersten großen Illusion, die wir uns immer gemacht haben über das Älterwerden: dass alles einfacher wird. Sicher, auch der Desillusioniertesten von uns wird klar gewesen sein, dass Treppensteigen oder Spinning-Marathons mit zunehmenden Jahren härter werden. Aber was ist mit folgenden Punkten?

ENTSCHEIDUNGEN TREFFEN

»Du willst wirklich anderthalb Kilometer zurücklaufen, um noch einmal die anderen Schuhe anzuprobieren?«
»Ja.«
»Aber wir waren doch gerade da.«
»Ich muss noch mal vergleichen.«
»Aber die Schuhe sind fast identisch.«
»Spinnst du? Der eine Absatz ist klobiger. Und das Schwarz ist bei den anderen etwas heller.«
»Das Schwarz ist...???!!!«

So läuft das. Mit 15. 25. 35. Und, ja, auch noch mit 45. Und wenn ich meine Mutter beobachte: auch noch mit 75. Wenn ich drei Wünsche frei hätte, wäre einer davon selbstverständlich, längere Beine zu haben, einer Weltfrieden, hilft ja nichts, und einer: ein kleines Männchen in meinem Kopf, das Entscheidungen für mich trifft. Und zwar die richtigen. Das vorher schon weiß, dass ich mich sehr schnell sattsehen werde am Muster meiner neuen Winterjacke, und doch lieber zu klassischem Dunkelblau gegriffen hätte. Der darüber informiert ist, dass das Roastbeef ungenießbar in diesem Restaurant ist und ich doch lieber die Spaghetti Bolo bestellt hätte.

Aber vor allem wünsche ich mir diese Stimme für die wirklich großen Entscheidungen:

Das Großprojekt annehmen, von dem man vorher schon Bauchgrummeln bekommt, das aber einfach eine Chance ist, zu der man nicht nein sagen kann? Oder lieber für meinen Seelenfrieden absagen und mir weiter einreden, dass ich gar keine Karriere machen will? In die Wohnung mitten in der Stadt ziehen, von der aus man fußläufig zur Pediküre und zum Kumpir-Mann kann? Oder doch zum gleichen Preis 40 Kilometer raus, wo man Kumpir für eine Figur aus *Jim Knopf und der Lokomotivführer* hält, Fußpflege vor allem medizinisch angeboten wird, man aber dafür einen Garten hat, der so groß ist wie das halbe Stadtviertel? In dem man grillen kann, die Kinder eigene Fußballtore bekommen, hinter denen Kühe grasen, von denen sie als Stadtkinder bisher dachten, es wären Pferde?

Die Wahrheit ist: Es wird nicht leichter, mit zunehmendem Alter Entscheidungen zu treffen. Weil die Entscheidungen, die wir mit zunehmendem Alter treffen, gewichtiger sind. Vor 20 Jahren hat man schon mal spontan die WG gewechselt, wenn einer der Mitbewohner nicht dazu zu erziehen war, die Klobürste zu benutzen. Aber irgendwann werden wir sensibler, was Veränderungen angeht. Wir wollen uns etwas aufbauen, was von Dauer ist. Wenn dann das Angebot für den Traumjob reinkommt, aber leider am anderen Ende von Deutschland ist, kann einen das ganz schön aus der Bahn werfen.

Man hatte doch gerade die Balkonkästen bepflanzt, weiß, wo es den Kaffee auch mit Hafermilch gibt und dass der eine Supermarkt das Lieblingsmüsli nicht führt.

Ich habe eine Freundin, die berufsbedingt mit ihrer Familie durch die Welt zieht. Alle paar Jahre wechseln sie den Standort, das ist vertraglich so festgelegt. Spätestens im fünften Jahr an einem Ort packen sie alles in Container und wechseln DEN KONTINENT. Kein Mist, mich würde es vermutlich schon aus dem Gleichgewicht bringen, einfach nur auf die andere Straßenseite zu ziehen. Ich bewundere den Mut meiner Freundin, den Willen zu Veränderungen, ihre Furchtlosigkeit, sich einfach reinzustürzen ins Abenteuer, an einem Tag in Vietnam ein Flugzeug zu besteigen und am nächsten ihren Kaffeebecher in Australien aus der Noppenfolie zu wickeln.

Die meisten von uns würden ab spätestens Mitte 30 eher eine Nacht mit Charlie Sheen im Stripclub verbringen als mit ihr zu tauschen. Wir wollen unser Nest, wir wollen ankommen. Und gerade deswegen quälen uns Entscheidungen so. Weil sie nicht selten beantworten:

Wie wollen wir leben?

Wo wollen wir wohnen?

Mieten oder kaufen?

Stadt oder Land?

Garten oder Licht und Ausblick weiter oben?

Familienplanung jetzt aber endgültig beenden oder weiterprobieren?

An dem Mann festhalten, obwohl er Käsefüße hat, oder doch noch mal umgucken und im Zweifel niemand besseren finden?

Was auch immer wir jetzt entscheiden, ist lebensentscheidend. Und deshalb müssen wir wohl oder übel akzeptieren, dass es nicht leichter wird, Entscheidungen zu treffen. Und dass wir uns mit manchen von ihnen weiterhin quälen werden, so ärgerlich es ist. Denn unter uns: Das Männchen in unserem Kopf, das die Entscheidungen trifft, das wollen wir ja am Ende nicht wirklich, oder? Ich weiß nicht, wie es bei euch ist, aber: Einige der wichtigsten Entscheidungen meines Lebens waren die falschen. Weil sie mir zeigten, was ich auf gar keinen Fall will – und was mich wirklich glücklich macht. Falsche Männer beispielsweise, auf die man (im besten Fall!) nur das eine Mal hereinfällt. Die Führungsposition, von der ich von vorneherein wusste, dass ich nicht für sie geeignet war und fortan alle anderen Angebote guten Gewissens absagen konnte. Richtig falsch kann man sich meiner Meinung nach gar nicht entscheiden. Höchstens bei Schuhen. Ansonsten gilt: Die schlimmste Entscheidung ist, keine zu treffen.

ÜBER DEN DINGEN STEHEN

Als erwachsene Frau sollte man irgendwann gelernt haben, über gewissen Dingen zu stehen, richtig?

Nun.

Wie eingangs in diesem Kapitel erklärt, leide ich besonders stark darunter, dass sich diese Hoffnung für mich als Illusion herausgestellt hat. Bei ungünstigem Zyklusstand kann es sein, dass es mir den Tag versaut, wenn die Bäckereifachverkäuferin mich anblafft, sie hätten noch nie halbe Brote verkauft oder der Vater eines Klassenkameraden meines Sohnes mir keinen »Guten Morgen« wünscht.

So dünnhäutig bin ich manchmal.

Wenn ich ehrlich bin, habe ich immer geahnt, dass es sehr schwer sein würde, an dieser Konstitution etwas zu ändern. Wenn meine beste Freundin drei Eigenschaften von mir nennen müsste, würden sie vermutlich lauten:

»Hört gut zu«, »Isst gern Toffifee« und »Steht nicht über den Dingen«.

Was würde ich für ein dickes Fell geben, und ich rede nicht von einem, das PETA auf den Plan ruft. Ich wäre gern jemand, dem es egal ist, was andere von ihm denken. Der sich nur für sich selbst anzieht, nur das tut und sagt, was er selbst mag, und nicht das, was jemand anderes gut finden könnte. Der mit den Schultern zuckt und die Musik aufdreht, wenn jemand lästert, er hätte nicht gewusst, dass es in dieser Größe noch Röhrenjeans gibt.

Meine Vermutung lautet: Als so eine Person wird man geboren. Es gibt diese Kinder, die man manchmal selbstvergessen in einem Planschbecken stehen sieht, mit Rüschentop über der Schwimmwindel und »Was willst du, Bitch?«-Gesichtsausdruck. Und plötzlich siehst du sie mit 19 vor dir. Sie trägt ihr Haar offen und tanzt expressionistisch, nur für sich allein, auf einer Tanzfläche und alle stehen drum herum und denken: Wie cool!

Manch andere Kinder verstecken sich lieber hinter den Beinen ihrer Mutter. Wie ich. Sie tanzen später überhaupt nur mit drei Rosé-Prosecco intus und im Schutzwall aus mindestens 20 Leuten. Und auch dann fragen sie sich (es sei denn, es waren fünf Rosé-Prosecco, dann befinden sie sich meistens auf dem Weg an die frische Luft): Habe ich den Hintern Richtung Wand gedreht? Sehe ich albern aus? Oh Gott, habe ich gerade wirklich diese Geste gemacht, die ich im Beyoncé-Video gesehen habe?

Vielleicht finden Forscher eines Tages das Gen, auf dem das »Über den Dingen stehen« geregelt wird und können es für zukünftige Generationen manipulieren.

Bis dahin bleiben den Sensibelchen von uns diese quälenden Grübeleien. Sie verschwinden nicht plötzlich, wenn wir ein gewisses Alter erreicht haben.

Wir bleiben angefasst, wenn jemand nicht nett zu uns ist.

Wir schlafen schlecht, wenn wir einen Fehler gemacht haben.

Wir reagieren mit hohem Blutdruck auf Streit, manchmal sogar dann, wenn sich herausstellt, dass wir ihn uns nur eingebildet haben.

Aber: Es gibt Hoffnung. Meistens finden sich dünnhäutige Menschen untereinander wie Mücken das Licht. Weil es so schön ist, verstanden zu werden, nicht allein zu sein mit seinen Sorgen und Neurosen. Eine tiefenentspannte Freundin würde in bestimmten Situationen einfach nur eine Augenbraue heben und unsere Scham nur vergrößern. Eine Gleichgesinnte aber sagt: »Du armes Ding, das ist ja furchtbar, ich wäre in Tränen ausgebrochen, wenn das jemand zu mir gesagt hätte.«

Keine Überraschung also, dass ich eher solche Leute um mich schare. Einige von ihnen kenne ich schon Jahrzehnte. Und bei denen beobachte ich durchaus eine Entwicklung. Nadine, die früher losgeweint hätte, wenn jemand ihr Kuchenbüffet kritisiert, bestellt heute beim Konditor um die Ecke. Anja, die früher vorher nächtelang ihre Zahnreihen aufeinandergepresst hätte, traut sich heute, spontan zu einer nervigen Kollegin zu sagen: »Nein, das gefällt mir nicht.« (Sie braucht immer noch die Beißschiene, aber hey). Und Maren hat neulich im Karneval auf einer Bank getanzt. Ohne sturzbetrunken zu sein.

Und auch ich merke an mir eine Veränderung. Es scheint, als wachse mir ein dünnes Fell (neben dem nervigen hormonbedingten). Ja, sicher, ich liege noch wach, wenn jemand mir sagt, dass er menschlich enttäuscht von mir ist. Und klar, ich nehme es immer noch nicht locker, wenn eine Verkäuferin mir sagt, dass ein Kleid meine Rückenrolle betone. Aber ich erhole mich schneller als früher. Die innere Stimme, die mich daran hindert, sprunghaft etwas Dramatisches zu tun oder mich heulend Fremden an den Hals zu werfen, ist lauter geworden. Ich höre sogar manchmal auf sie.

Und ich glaube, das hat vor allem einen Grund: Erfahrung. Nadine hat gelernt, dass keiner ihr die 25 Backstunden dankt und sie in der Zeit lieber in Wohnzeitschriften blättern kann. Anja weiß jetzt, dass ihr niemand den Kopf abschlagen wird, wenn sie widerspricht, im Gegenteil. Und Maren hat gelernt, dass sie im Karneval auf einer Bank mit unkoordinierten Bewegungen weniger auffällt als still darauf sitzend. Und dass höchstens jemand sagen wird: »Du warst ja lustig«. Und die Welt sich ansonsten weiterdreht.

Meine große Erkenntnis im Kampf ums »Über den Dingen stehen« ist: Das vergeht.

Die Scham, wenn man etwas richtig Doofes gesagt hat, die einem nachts im Bett das Blut in den Kopf schießen lässt – vergeht.

Die Kränkung, irgendwo nicht eingeladen worden zu sein, wo man eigentlich gar nicht hinwollte, aber zumindest gern gefragt worden wäre – vergeht.

Der Wunsch, jemandem die fiesesten Sachen ins Gesicht zu sagen, der fragt, ob du deinen 50. gefeiert hast, wenn es eigentlich der 43. war – vergeht.

Das lässt mich tatsächlich manchmal ein kleines bisschen so cool erscheinen, wie es sich vielleicht für mein Alter gehören würde. Ich werde nie eine von denen sein, denen alles egal ist. Die einfach ihr Ding durchziehen, nach mir die Sintflut. Wem es ähnlich geht, der sollte es wohl wie ich akzeptieren: Wir sind so. Wir werden nie mit Afroperücke barfuß durch die Innenstadt laufen und laut »I'm too sexy« singen. Wir werden uns immer mehr Gedanken über mehr oder minder reale Probleme machen, als es nötig wäre. Aber je älter wir werden, desto besser lernen wir, damit zu leben. Und das zählt.

LOSLASSEN

Kennt ihr das? Dass man immer noch von Leuten träumt, die schon seit Jahrzehnten keine Rolle mehr in deinem Leben spielen? Bei mir sind das zum Beispiel zwei Personen: meine erste große Liebe und meine beste Freundin zu Teenie-Zeiten. Mit beiden habe ich seit fast 30 Jahren nicht gesprochen, beide bedeuten mir heute im Grunde nichts mehr, und trotzdem: Immer mal wieder schleichen sie sich in meine Träume. Und in diesen Träumen sind sie mir so wichtig, wie sie mir damals waren. Dann sitzt mein Ex plötzlich vor mir und sagt, dass es ihm leidtut, dass er mir damals das Herz gebrochen hat. Oder meine Freundin steht unverhofft vor meiner Tür und erklärt mir endlich, warum sie damals einfach so ins Studium abgehauen ist und von einem Tag auf den anderen nichts mehr mit mir zu tun haben wollte. Nach diesen Träumen bin ich jedes Mal erstaunt und aufgewühlt. Und frage mich: Gibt es da etwa noch ein kleines Stückchen unbeendete Geschichte? Habe ich doch nicht so abgeschlossen mit ihnen, wie ich es mir einbildete?

Einigen meiner Freundinnen geht es so. Wir sind jetzt unwiderruflich erwachsen, nichts an uns erinnert entfernt an einen Teenager (außer manche unserer Haargummis, aber wir arbeiten daran). Und trotzdem hat jede eine Geschichte zu erzählen aus der Vergangenheit, die sie immer noch verfolgt. Die Enttäuschung über den Vater, der sich nie die Zeit nahm, mit ihnen Schwimmen zu gehen. Die Wut über die Mutter, weil sie in besonders überforderten Momenten Ohrfeigen verteilte. Die Erniedrigung durch einen Lehrer, der sagte, es werde nie etwas aus einem, für so etwas habe er einen Blick. Eine Freundin von mir versucht bis heute, diesem Lehrer das Gegenteil zu beweisen. Vielleicht ist sie nur deswegen Teamleiterin mit über 200 Mitarbeiterinnen und mehr als 60 Wochenstunden Arbeit, um ihn, der längst verstorben ist, Lügen zu strafen. Vielleicht hätte ohne seine düstere Prophezeiung auch eine Nummer kleiner gereicht. Die Mutter, die ohrfeigte, sitzt jedes Mal auf der Schulter meiner anderen Freundin, wenn sie spürt, dass ihre pubertierende Tochter sie an den Rand ihrer Nerven bringt. Und der Vater, der sich nie Zeit zum Schwimmen nahm, treibt meine Kollegin in die Nähe eines Burn-outs, weil sie unbedingt das Gegenteil sein will von ihm und sich mehr für ihre Kinder aufreibt als gut für ihre Gesundheit ist.

Jede von uns quält etwas aus ihrer Vergangenheit, das sie nicht loslässt. Vieles entfernt sich im Laufe der Zeit und verblasst, anderes kommt plötzlich überraschend näher und schmerzt stärker. Weil wir uns dem Alter eines Menschen nähern, der uns verletzt hat – und ein neues Verständnis für ihn erlangen. Oder weil uns klar wird, dass wir mit so manchem nicht mehr endlos Zeit haben, klärende Gespräche zu führen.

Es gibt viele Wege, das Loslassen zu üben. Manche schwören auf Meditation, und auch ich habe das schon versucht. Leider habe ich es nie an den Punkt gebracht, an dem ich wirklich nichts mehr dachte und nur noch wahrnahm. Es schoben sich immer Gedanken an Einkaufszettel, zu besorgende Ostergeschenke oder Nutellabrote in meine Gedanken. Aber ich weiß, dass es manchen wirklich hilft, weil sie dadurch das Gefühl erlangen, nicht von ihren Überlegungen beherrscht zu werden, sondern sie bewusst beeinflussen zu können.

Andere machen dafür jahrelang Therapie, und je nach Schwere des Problems, von dem wir annahmen, es verschwände mit der Zeit, ist das sicher eine gute Idee. Wer lebt schon entspannt mit einem Scheinriesen aus der Vergangenheit, der größer wird, je weiter er sich entfernt?

Mir hat es auf meinem Weg zum Loslassen geholfen, Briefe zu schreiben. Keine Ahnung, wie viele unabgeschickte Schriftstücke in irgendwelchen Kartons lagern oder irgendwo auf meinem Desktop. Schon während ich sie schreibe, weiß ich im Grunde, dass ich sie niemals zur Post bringen werde, weil sie viel zu pathetisch sind und eine emotionale Zumutung für den Empfänger, der wahrscheinlich beim Anblick des Absenders kurz überlegen muss, wer das noch mal war. Aber es runterzuschreiben, hilft mir, abzuschließen. Nicht nur Menschen müssen wir loslassen, auch manche Ziele und Träume. Manche davon tun mehr weh als andere. Mir hilft es manchmal, den Moment des Loslassens zu zelebrieren. Mit einem meiner Bücher war das so, ich hatte mich zu sehr darin festgebissen. Ich war so verliebt in diese Geschichte, dass ich mich fast daran kaputt arbeitete. Mir war schnell klar, dass es mich sehr schmerzen würde, wenn dieses Buch kein Erfolg werden würde, weil ich doch mein ganzes Herzblut hineingesteckt hatte. Aber ich verstand auch, dass es nun nicht mehr in meiner Macht lag, dass ich es loslassen musste, weil meine Familie mich ansonsten unter Umständen bitten würde, für eine Zeit lang auszuziehen, weil sie es nicht mehr hören konnten. Also überlegte ich mir ein Ritual. Ich lieh mir ein Stand-up-Paddle-Board und paddelte damit weit auf einen See hinaus. Ich gebe zu, dass es mich Überwindung gekostet hat, weil mein Gleichgewichtssinn im Alter nicht besser geworden ist, und ich weit draußen den Grund des Wassers nicht sehen konnte, was mich normalerweise in Panik versetzt. Hätte ich in diesem Moment an Nessy oder *Der weiße Hai* gedacht, hätte ich die Aktion abbrechen müssen, unter Umständen unter Einsatz der Küstenwache. Aber ich konzentrierte mich nur auf mein Ziel. In der Mitte des Sees setzte ich mich auf das Surfbrett. Ich schloss die Augen und sprach mit meinem Buch. Ich sagte:

»Ich habe alles in meiner Macht stehende für dich getan, besser hätte ich dich nicht schreiben können. Ich habe vorab Interviews für dich gegeben, ich habe mich so fotografieren lassen, dass ich aussah wie jemand, von dem man gern eine Geschichte lesen würde, ich habe alle Blogger und Journalisten auf dich aufmerksam gemacht, die ich irgendwie erreichen konnte. Aber nun musst du ohne mich klarkommen. Ich kann dein Schicksal jetzt nicht mehr beeinflussen. Ich werde verfolgen, was du tust, aber ich muss jetzt mein normales Leben weiterleben. Gute Reise!«

Und dann ließ ich es los, buchstäblich, ich stellte mir vor, wie der ganze Druck, den ich mir gemacht hatte, von mir wich und über dem See langsam gen Wolken aufstieg. Ob das geklappt hat? Ich behaupte ja. Natürlich gab es den ein oder anderen Moment, in dem der Druck wieder an meine Tür klopfte oder ich doch ein Tränchen darüber vergoss, dass das Buch nicht der Erfolg wurde, den ich mir dafür gewünscht hatte. Aber ich fiel in kein Loch, ich drehte nicht durch, niemand bat mich auszuziehen. Ich schluckte zweimal heftig und lebte weiter. Keine Ahnung, ob ich das auch geschafft hätte, wenn ich an jenem Tag nicht auf den See gepaddelt wäre, sondern als reinigendes Ritual stattdessen drei alte Folgen *Fackeln im Sturm* gesehen und anderthalb Packungen Ferrero Rocher gegessen hätte. Aber ich bilde mir ein, dass es nicht das Gleiche gewesen wäre.

Am Ende gilt es, das zu finden: Das Gefühl, etwas zu haben, das uns das Loslassen erleichtert. Bestimmte Dinge werden immer ein Teil von uns sein, dagegen zu kämpfen, würde sie nur noch enger an uns binden. Es macht unser Leben deutlich entspannter, wenn wir uns nicht mit aller Kraft an ihnen festkrallen, sondern sie auf die Reise schicken, freundlich und bestimmt.

»Was haben Sie denn schon in
Ihrem Leben auf die Beine gestellt?«
»Mich.
Immer wieder.«

2. Kapitel

ILLUSION NUMMER 2: »WENN ICH ÄLTER WERDE, WERDE ICH LEICHTER«

Nicht als potenzielle Kandidatin von *Germany's Next Topmodel* geboren zu werden, hat auch Vorteile: Man hat beim Altern weniger zu verlieren. Ich war nie eine von den Elfen, den Raubkatzen, den Rehlein. Ich war schon immer der Biber. Putzig, das schon, aber weder feingliedrig noch in Gefahr, nicht durch den Winter zu kommen. Schon auf den Fotos von der ersten Klassenfahrt sehe ich es heute, wie ich neben Nicole oder Silke stehe, kurz vorm Sprung in den Baggersee: Die anderen sehen so aus, als könne eine Windböe sie umwerfen, ich wirke... gesund. Zeit meines Lebens wäre ich gern dünner gewesen, das ist leider die Wahrheit. Seit ich denken kann, plane und verwerfe ich Diäten, rede mir ein, Frauen mit Kurven seien toll und breche doch wieder weinend zusammen, wenn ich jemanden in Hotpants sehe, die ich nicht mal mit 12 hätte tragen können. Ich habe mir immer eingebildet, dass ich dann wenigstens diesen Vorteil habe: Nicht so viel zu verlieren zu haben. Wenn mein Körper nach einer Schwangerschaft nicht mehr so aussieht wie vorher. Wenn die Schwerkraft siegt, und Hotpants ohnehin keine Option mehr sind.

Es muss hart sein, Sylvie Meis zu sein in solchen Momenten.

Was ich unterschätzt habe: Es ist auch hart, ich zu sein. Denn natürlich bin ich auf den Fotos von früher nicht zum Davonwehen, aber ich bin jung und knackig. Was würde ich heute geben für den Körper, den ich damals für eine gemeine Verschwörung hielt. Hätte ich ihn nur ausreichend zu schätzen gewusst, statt mir von einer Pummeligkeit das Selbstwertgefühl zerschießen zu lassen, die mir im Rückblick als knuffig erscheint. Wie naiv von mir, mir einzubilden, ich könne in Zukunft besser aussehen. Selbstverständlich wurde nichts aus meinem Plan, irgendwann dünner zu sein, im Gegenteil. Mit jedem Jahrzehnt wurde ich der faulen

Nachbarskatze ähnlicher, die zugegebenermaßen niedlich, aber auch heillos überfüttert ist.

Ich nahm mir immer wieder Diäten vor und schob sie auf mit der Ausrede: Mach ich nach Ende des Examens/der Probezeit/dem wichtigen Projekt/der Schwangerschaft/dem Umzug/der Midlife-Crisis/dem Staffelende von *Game of Thrones*. Irgendwann würde schon der richtige Zeitpunkt kommen, um mir endlich den Körper zu holen, den ich verdiente. Der in Jeansgröße 29 passte, ohne dass ich dafür die Luft anhalten und einen wesentlichen Teil von mir beiseiteschieben musste. Mit dem ich eng anliegende Ringelkleider tragen konnte und im Bikini kein öffentliches Ärgernis darstellte.

Jetzt bin ich Mitte 40 und so langsam aber sicher dämmert mir: Das wird nichts mehr mit der Bikinifigur. Ich werde auch weiterhin mit anderen Vorzügen punkten müssen als mit betörender Nacktheit. Meine Mutter sagte früher immer mit wissendem Blick auf Tante Renate, der Körper entscheide das sowieso irgendwann von allein – ab einem gewissen Alter sei man entweder Kuh oder Ziege. Was soll ich sagen?

Ich fürchte, sie hat mal wieder Recht gehabt.

HUNGERN

Wenn wir uns noch nicht lange kennen, werde ich euch vormachen, meinen Körper zu lieben. Ich werde euch eine flammende Rede über Frauen mit Kurven halten, zetern gegen H&M-Bademodenposter, die uns vormachen, irgendeine Frau auf diesem Planeten habe in echt solche Oberschenkel, schwören, dass Männer im Grunde was zum Anfassen wollen und ich meinen Körper LIEBE. Jawoll, wir alle sollten unsere Körper lieben, so, wie Gott – oder an wen oder was ihr sonst glaubt – sie schuf. Einen Teufel werde ich tun und irgendetwas an ihm manipulieren oder mir vorschreiben lassen, in welche Norm er passen solle. Denn ich genieße Essen und werde mir niemals meine Nudeln oder meine Snickers oder mein Weißbrot verbieten lassen.

Basta.

Wenn ihr mich ein bisschen besser kennt, werdet ihr diverse Diät-Pulver in meinem Regal entdecken. Die Ratgeber über Low-Carb, bösen Weizen und Schlanksein-im-Schlaf. Das Anmeldeformular zu den Weightwatchers und dem Forschungsprojekt, bei dem Frauen für umsonst nichts essen dürfen und dabei beobachtet werden. Ihr seht schon... An den allermeisten Tagen finde ich mich überhaupt nicht damit ab, vollschlank zu sein. An den allermeisten Tagen plane ich meine nächste Diät.

Ich habe schon so ziemlich alles probiert. Beim »Nur-Rohkost-Essen« wurde mir nach einem halben Tag speiübel. Kohlsuppe muss ich mittlerweile nur riechen, um furchtbare Blähungen zu entwickeln. Bei meinem ersten und letzten Weight Watchers-Treffen versteckte ich mich hinter einer Säule, weil ich plötzlich jemanden entdeckte, der mich an jemanden aus meiner Grundschulklasse erinnerte.

Ich schätze, wenn wir uns hinsetzen würden und einander unsere demütigendsten Diät-Erfahrungen berichten würden, würde es ein sehr langer Abend.

An Platz drei meiner schlimmsten Erlebnisse in diesem Zusammenhang ist jedenfalls das Diätdrink-Debakel: Ich hatte große Hoffnungen in die Pampe gesteckt, denn meine Nachbarin trug nach einigen Wochen damit Jeans aus der Kinderabteilung. Also besorgte ich für ein kleines Vermögen Pulver, Messbecher, Shaker und mischte meine erste Mahlzeit. Oder was ich dafür hielt. Nach wenigen Schlucken musste ich weinen, so ekelhaft fand ich den Matsch. Seitdem steht das Pulver weit unten in einer meiner Küchenschubladen, an die ich niemals ran muss, noch hinter der Nudelmaschine und dem Entsafter.

Auf Platz zwei meiner schlimmsten Diät-Erfahrungen befindet sich das Heilfasten. Es beginnt traditionell mit einem Einlauf. Im Grunde könnte ich hier aufhören, oder? Aber es wird noch schlimmer. Man dünstet Gifte aus. Man bekommt sehr, sehr schlechten Geschmack im Mund und noch schlechtere Laune. Und man denkt nur noch an Essen. Tag und Nacht. Ich habe es nur deswegen durchgehalten (!), weil das Buch, das mich dabei begleitete, behauptete, ich könne sterben, wenn ich mir spontan ein Schnitzel reinhaue. Ich gebe zu, es wurde mit jedem Tag ein wenig leichter, aber mein Essensentzug führte auf lange Sicht dazu, dass ich seitdem das Haus niemals ohne Müsliriegel in der Handtasche verlasse, weil ich traumatisiert vom Gefühl der Unterzuckerung bin.

Mein persönlicher Platz eins der Diät-Dramen: Low-Carb. Es mag sein, dass es für viele Leute funktioniert, Kohlenhydrate wegzulassen. Ganz sicher haben eine Menge von euch damit schon toll abgenommen und mir ist durchaus bewusst, dass Gwyneth Paltrow und Madonna eher ihre Kinder verkaufen würden als ein Stück Baguette zu essen, aber ich mache da nicht mit. Ich liebe leider alles, was Kohlenhydrate beinhaltet. Pasta, Reis, Brot, Kuchen, Kekse, Kartoffeln – gehört alles zu meinen Lieblingslebensmitteln. Würde jemand die High-Carb-Diät erfinden, ich würde vermutlich endlich mal eine durchhalten. Aber nur Fleisch, Eier, Obst und Gemüse zu essen, machte innerhalb weniger Tage eine gemeine Frau aus mir. Ich sagte plötzlich fiese Dinge zu Mitmenschen, die aus Konditoreien kamen. Ich lauerte Kindern vor der

Pommesbude auf, um ihnen lange böse Blicke zuzuwerfen. Ich zerknüllte ein Bild, auf dem mein Sohn Muffins gemalt hatte, was er mir bis heute nicht vollends verziehen hat. Keine Kohlenhydrate zu essen, war für mich so persönlichkeitsverändernd, dass mein Mann nach ein paar Tagen überall Chips, Käsebrote und Schoko-Cookies verteilte, um mich wieder zur Vernunft zu bringen und die Scheidung abzuwenden.

Ich habe durchaus Freundinnen, die erfolgreicher waren als ich – standhafter und disziplinierter. Lisa etwa hat 30 Kilo mit Weight Watchers abgenommen. Susanne mit Basenfasten 12. Beide sehen jetzt in Jeggings beneidenswert aus. Aber mit Mitte 40 verzeiht der Körper nicht mehr wie mit Mitte 20. Der merkt sich, wo mal mehr war und bildet da traurige Dellen. Nicole und Susanne sagen, dass sie keinen Bikini mehr tragen, weil ihr Bauch nicht mehr so straff ist wie in dick. Und auch an Armen und Beinen hängt jetzt die Haut. Sie sind also am Ziel – und mosern direkt über neue Problemzonen.

Für mich ist das ein weiterer Grund, nicht an Diäten zu glauben. Und das nicht nur, weil ich sie nicht durchhalte. Auch weil sie nicht realistisch sind. Weil wir uns nach ihrem Ende erleichtert auf alles stürzen, was wir nicht durften und die Kilos schneller wieder drauf haben als jemand »Butterbrezel« sagen kann. Natürlich wäre es am besten, uns mit steigendem Alter endlich so zu akzeptieren, wie wir sind. Aber weil die wenigsten von uns das können, versuche ich mich seit einigen Jahren an folgende Lösung zu halten: Iss alles, was du willst, aber etwas weniger. Und versuche vor jeder Sünde etwas Gesundes zu essen. Für mich funktioniert diese Regel ganz gut, denn ich werde zwar niemals mehr ein Reh, aber ich passe immerhin weiterhin in den Biberbau. Bitte erinnert mich daran, wenn ich in irgendeiner Zeitschrift die neueste Hollywood-

Diät entdecke und Unmengen an Papayas und Goji-Beeren horten will.

BEWEGEN

Wie oft habe ich mir anhören müssen, dass ich nur mehr Sport machen müsse, dann könne ich auch essen, was ich wolle. Es mag sein, dass es Frauen gibt, bei denen das stimmt. Ich gehöre zu den anderen. Es gab wirklich Zeiten in meinem Leben – kurze zugegeben, aber immerhin –, in denen ich dreimal die Woche joggen ging und zweimal ins Fitnessstudio. Ich habe kein einziges Gramm davon abgenommen. Ich bekomme höchstens mehr Appetit vom Sport, das schon. Womit ich nicht sagen will, dass Bewegung eine schlechte Idee ist. Im Gegenteil, Bewegung ist eine super Idee. Man sollte sich nur nicht vormachen, man sehe danach aus wie Heidi Klum.

Für mich ist Sport schon seit den Bundesjugendspielen in der Kindheit mit dem Verlust der Menschenwürde verbunden. Noch irgendjemand beim 800-Meter-Lauf immer Minuten nach allen anderen ins Ziel gekommen, mit weißen Flecken im Gesicht und einknickenden Knien, woraufhin die Turnlehrerin mit dem Damenbart kurz davor war, Mund-zu-Mund-Beatmung durchzuführen? Jeder, der schon mal eine Kugel 50 Zentimeter weit gestoßen hat, weiß, dass so ein Sporttrauma tief sitzt. Keine Frau, über die beim Völkerball verhandelt wurde wie über eine Krankheit (»Wir nehmen auch Simona, wenn wir dafür Stefan kriegen«), wird sich je wieder unbekümmert einem Mannschaftssport widmen. Nur logisch, dass ich mich in Sachen Bewegung früh zu einem Zweckpessimisten entwickelt habe – »Ja, Ball war drin!«, hab ich schon als Kind beim Tennis gelogen, damit das Match möglichst schnell vorbei war und ich mich nach der Niederlage zu Hause verkriechen und Bilder von John Travolta anschauen konnte. Bis heute kündige ich vorher schon mal an: »Ich mach mit, aber ich kann das nicht.« Ich tröste mich damit, dass ich auf andere offensichtlich sehr motivierend wirke. Meine Laufpartnerin lief ein Jahr nach Trainingsbeginn ihren ersten Marathon. Zum gleichen Zeitpunkt stand ich an einem Flohmarktstand und verkaufte meine quasi unbenutzten Laufschuhe. Eine andere machte nach unserem Pilates-Kurs, zu dem ich sie schleppte, einen Trainerschein und plant gerade ihr eigenes Studio. Mein Sixpack liegt in Gegensatz zu ihrem immer noch unter einer komfortablen Speckschicht begraben.

In meinen Augen macht Bewegung überhaupt nur Sinn, wenn sie nicht zweckbezogen ist, denn dann löst sie bei mir Trotz aus. »Soso«, sagt mein Schweinehund dann am frühen Abend zu mir, »Du solltest wohl noch aufs Laufband, he, willst dein schlechtes Gewissen beruhigen, weil das mit dem Salat zu Mittag nicht geklappt hat – vergiss es!«

Jahrzehnte der Selbstsabotage haben mir gezeigt: Ich mache überhaupt nur Sport, wenn er Spaß macht. Sich an dämlichen Geräten zu quälen, obwohl man es hasst oder sich in Ganzkörpergummianzügen freiwillig Stromstöße verpassen lassen – für mich läuft das nicht, auch dann nicht, wenn man mir verspricht, dass ich dadurch innerhalb von drei Wochen den Umfang meiner Taille halbieren werde. Ich werde innerhalb kürzester Zeit Ausreden finden, warum ich da auf keinen Fall mehr hin kann. Das Zeug, mit dem sie die Matten desinfizieren etwa. Krieg ich Asthma von. Oder diese superhart eingestellten Duschköpfe in der Umkleide? Lösen bei mir Migräne aus, ehrlich.

Im Ernst, Mädels, natürlich brauchen wir regelmäßige, schweißtreibende Bewegung, um fit zu bleiben und gesund zu altern. Aber um uns zu Dingen zu zwingen, die wir hassen, dafür sind wir doch echt zu alt, oder? Also, wie wäre es mit einem knackigen jungen Trainer, der es wert ist, endlich die ausgeleierte Joggingplinte wegzuschmeißen und neue Fitnessklamotten in neonfarbener Tarnoptik zu kaufen? Oder mit Zumba, da tanzt man schambefreit zu Musik, die uns ansonsten peinlich wäre? Oder mit Boxen, da könnt ihr euch bei jedem Schlag auf den Sandsack genüsslich das Gesicht eures Ex-Chefs vorstellen, der euch immer das Gefühl gab, den Job verfehlt zu haben? Oder Seilchenspringen oder Gummitwist oder Himmel und Erde?

Was auch immer: Hauptsache, es zaubert uns ein Lächeln ins Gesicht. Dann werden wir es wieder tun, denn Lächeln ist der deutlich größere Anreiz als die leider zu 100 Prozent unrealistische Aussicht auf Michelle-Obama-Oberarme.

Betrunkene, Kinder und Leggings sagen immer die Wahrheit.

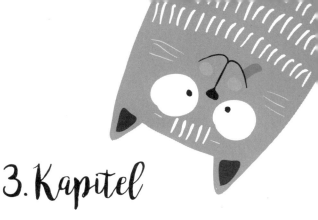

3. Kapitel

ILLUSION NUMMER 3: »MIT DEN RICHTIGEN MITTELN KANN MAN DIE NATUR AUSTRICKSEN«

Wir sind jetzt in einem Alter, in dem unser Aussehen in Relation gesetzt wird. Früher sah man einfach nur gut oder nicht gut aus. Heute wird man kategorisiert:
»Für eine 45-Jährige siehst du doch gut aus!«
So nach dem Motto: Für 100.000 Kilometer runter ist der Gebrauchtwagen noch in Ordnung. Bisschen klapprig, aber im Gegenlicht geht's. Das eröffnet neue Chancen für alle, die bisher keine Schönheitsköniginnen waren, aber ein bisschen bitter ist es schon, oder? Kennt ihr solche Kommentare?
»Für dein Alter hast du nicht viele Falten.«
Heißt das, ich habe viele, aber nicht für 45? Und dann meist hinterher: »Was ist dein Geheimnis?«
Als wenn es irgendein anderes geben könnte als das günstiger Gene. Eventuell leicht zu beeinflussen durch lebenslange Zurückhaltung bei Themen wie Kettenrauchen, Trinkspielen und Sonnenbank-Zehnerkarten. Ansonsten müsste die korrekte Antwort lauten:
»Gibt kein Geheimnis, ich hatte einfach unverschämtes Glück.«
Aber wem sage ich das? Ich jedenfalls bin ein leichtes Opfer für alle, die mir weismachen wollen, die Zeit ein klein wenig anhalten zu können. Ich schätze, das strahle ich auf zehn Meter Entfernung aus, denn ich kann keine Drogerie betreten, ohne Ratschläge zu erhalten, welche Creme ich unbedingt ausprobieren müsse. »Reife Haut braucht mehr«, sagt die Verkäuferin dann mit vertrauensvoll glänzenden Knopfaugen oder: »Wir können da gegensteuern, noch ist es nicht zu spät.«

Mein Ruin sind Parfümerien, ich bestelle dort nur noch online, seit ich von maskenhaft geschminkten Mitarbeiterinnen dazu drangsaliert wurde, chemische Peelings für den Hausgebrauch auszuprobieren, nach denen ich wochenlang nur mit hochgezogenem Schal und Riesensonnenbrille das Haus verlassen konnte. Trotzdem, es hört nicht auf. Sogar in Apotheken bin ich nicht sicher, neben den Kopfschmerztabletten habe ich am Ende garantiert irgendein Serum in meiner Tasche, das angeblich mein Leben verändern wird.

Dabei weiß ich es doch eigentlich besser. Ich habe alles an Anti-Aging-Kosmetik ausprobiert, was halbwegs legal aufzutreiben ist – von der ganz günstigen bis hin zur megateuren. Und wisst ihr, wovon ich mittlerweile felsenfest überzeugt bin?

Keine von ihnen kann die Zeit aufhalten.

Keine von ihnen kann verhindern, dass wir irgendwann Krähenfüße bekommen und Sorgenfalten und Lachlinien und Längsgeknitter im Dekolleté. Die Dinger zu entdecken ist beängstigend, ich gebe es zu, deshalb bin ich die erste, die losrennt und Öle in Mikrofläschchen kauft, für deren Preis ich eine Woche Mallorca buchen könnte. Aber ob sie die Faltentiefe verringern? Uns wieder jünger erscheinen lassen? Ich bezweifle das zutiefst.

Neulich entdeckte ich in einem Beautysalon-Schaufenster eine Werbung von einem »Rebuild-Treatment«. Was soll denn da wieder aufgebaut werden? Wir sind doch kein Lego-Raumschiff. Kein renovierungsbedürftiger Gartenzaun. Wir werden nicht wieder ganz, nur weil man uns mit irgendetwas abschmirgelt und einschmiert.

Und doch, wenn wieder eine Dame in weißem Kittel ihre manikürten Finger aneinanderreibt und raunt: »Wie Butter, vertrauen Sie mir, Ihre Haut wird jubeln«, zücke ich mein Portemonnaie. Ich habe aufgegeben, mich dafür zu schelten. Ich sortiere regelmäßig meinen Badezimmerschrank aus, verschenke Dreiviertel des Inhalts an pubertierende Nachbarsmädchen und mache Platz für neue Fehlkäufe. Wenn ich mich darüber freuen kann, haben sie ihren Zweck doch schon erfüllt. Ansonsten übe ich mich tapfer darin, jede neue Falte zu lieben. Denn sie erzählt eine Geschichte. Glaubt mir, ich habe schon einige erlebt.

TACKERN

Früher dachte ich immer, nur instabile, alternde Diven in Hollywood oder *Bachelor*-Kandidatinnen unterzögen sich Schönheits-OPs. Heute kenne ich Leute mit Silikonimplantaten, Botox-Stirnen, gelifteten Augenlidern, abgesaugten Hüftrollen und unterspritzen Schlaffalten. Es scheint normal geworden zu sein, bestimmte Problemzonen nicht mehr hinzunehmen, sondern operativ optimieren zu lassen. Ich finde, jeder muss selbst wissen, was er mit seinem Körper anstellen will, aber ich persönlich bin ein bisschen skeptisch, was diese Methoden angeht.

Meine Großtante und ihre beste Freundin haben gemeinsam in einer Klinik in Polen ihre Augenlider liften lassen. Sie haben jetzt beide sehr große, wache Augen – ohne überschüssige Haut oder hängende Schlupflider. Aber sie haben mir beide vorher besser gefallen. Die Lachfältchen, die sich um ihre Augen kräuselten, sind komplett verschwunden. Aber es waren genau diese Lachfältchen, die sie sympathisch machten. Wenn sie heute lachen, lachen ihre Augen nicht mehr mit. Neulich sah mein Sohn ein Foto von vorher und sagte:

»Guck mal, da sieht die Tante noch nett aus.«

Besser hätte ich es nicht sagen können.

Eine Freundin von mir, noch unter 40, ließ sich Botox in ihre Zornesfalte spritzen, die sie immer schon störte. Was sie nicht bedacht hatte, war, dass sie über diese Falte zuvor Zorn ausgedrückt hatte, wie der Name schon sagt. Wenn sie fortan mit ihren Kindern schimpfte, guckten die sie ratlos an. Irgendwas war komisch an Mama, sie konnten nicht sagen, was, sie spürten nur: Die meint das irgendwie nicht ernst, denn sie guckt nicht so, wie sie sonst guckt, wenn sie etwas ernst meint. Ihre Injektion warf meine Freundin in der Erziehung um Jahre zurück. Bis das Nervengift sich endlich abgebaut hatte, musste sie dreimal zum Rapport bei der Klassenlehrerin und war zweimal thematischer Schwerpunkt der Elternpflegschaftssitzung.

Und das sind eher die leichten Fälle. Besonders tragisch finde ich die älteren Damen, die ich manchmal beim Feinkostladen an der Theke treffe, deren Gesichter etwas Wachsartiges angenommen haben. Sie denken, niemand merkt das, sie meinen, eine Haut wie eine 25-Jährige zu besitzen, aber in Wahrheit hat jemand Plastikmasse unter ihre Wangen gespritzt und sie gespannt wie einen Luftballon. Ich kann mir nicht helfen – ich finde das gruselig. Ich denke jedes Mal, was für süße Omis wohl aus ihnen geworden wären, wenn sie nicht einem zwielichtigen Hautarzt zum Opfer gefallen wären.

Meistens dachte ich bisher bei Leuten, die was machen ließen: Oh nein, schade, warum nur?! Vor allem, weil es oft die ohnehin schon schönen Menschen sind, die meinen, herummanipulieren zu müssen. Und dadurch im Zweifel verschlimmbessern. Bis ich neulich eine Bekannte traf und zu ihr sagte:

»Warum siehst du eigentlich immer so frisch aus?«

Sie grinste wissend und erzählte mir dann, wo genau sie seit Jahren welche kleinen Mittelchen injizieren lässt. Ich war beeindruckt, denn man sah: nichts. Außer, dass sie gut aussieht. Es gibt sie also, die Fälle, in denen der Drahtseilakt gelingt. In denen jemand tatsächlich nicht anders, sondern nur das kleine bisschen frischer aussieht. Das kleine bisschen jünger. Aber über diese Fälle redet man selten, weil man sie schlicht nicht bemerkt, weil sie nicht auffallen. Und das ist ja eigentlich das größte Kompliment, was man ihrem Schönheitschirurgen machen kann.

Wer weiß, vielleicht ändere ich also doch noch eines Tages meine Meinung. Wenn das mit den Grüffelo-Augen untragbar wird.

Aber selbst dann: Muss man dann bis zum Ende Botox oder Hyaluron spritzen? Jedes Jahr Injektionen von bis zu 1000 Euro oder mehr? Das wird ein teurer Spaß. Und was passiert eigentlich, wenn man damit aufhört, fällt man dann mit 70 zusammen wie ein Kartenhaus? Altert der Körper dann nach?

Ich leiste mir lieber folgende naiv-kitschige Haltung: Sind wir nicht erst einzigartig durch unsere Fehler?

Und wollen wir am Ende des Tages nicht genau mit denen geliebt werden?

Ach, und, wisst ihr, was ich finde, wer am allerjüngsten wirkt? Glückliche Leute. Kennt ihr diese älteren Damen, die irgendwie cool aussehen? Weil sie lebensfroh sind, selbstbewusst und zu sich stehen. Die es schaffen, ihren eigenen Stil zu behalten und durch ihre Ausstrahlung wunderschön bleiben, mit ihren Falten? Die Meryl Streeps, die Senta Bergers unserer Gesellschaft? Die sollten wir uns zum Vorbild nehmen, wie man würdevoll und schön altert, nicht die Meg Ryans oder Madonnas.

Überhaupt denke ich: Schöner als heute werden wir nicht mehr. Warum verderben wir uns die Laune damit, ständig mit uns zu hadern? Eines Tages werden wir uns Bilder von heute angucken und denken: Ich sah super aus. Schade, dass ich es nicht mehr zu schätzen wusste.

Man ist nie zu alt für das Gesicht,
das man verdient.

4. Kapitel

ILLUSION NR. 4: »IRGENDWANN MACHE ICH DAS«

Hand aufs Herz, wie viele To-do-Listen schreibt ihr täglich? Ich mehrere.
Eine langfristige.
Eine für jeden nächsten Tag.
Eine zum Einkaufen.
Und eine für meinen Mann. Der damit das einzig Vernünftige tut: Er sieht sie als lose Anregung. Und manchmal schmeißt er sie auch einfach weg. Sicher, es macht mich durchaus wütend, wenn er meinem Wunsch, endlich die Glühbirne im Flur zu wechseln oder die Steuererklärung zu unterschreiben, nicht nachkommt, aber im Grunde hat er doch Recht – es gibt meistens Wichtigeres im Leben.

Mir ist es leider unmöglich, meine eigenen Aufgabenlisten zu ignorieren. Nennt mich zwanghaft, aber die Dinger geben mir Struktur und zumindest eine grobe Übersicht darüber, was ich auf gar keinen Fall imstande sein werde zu erledigen. Manche davon schreibe ich auch nur gedanklich, andere in die Notiz-Funktion meines Handys, wieder andere auf Post-its oder Blöcke. Das Schlimme an den Listen ist: Sie werden einfach nicht kürzer. Sobald man einen Punkt davon durchgestrichen hat, kommt ein neuer hinzu. Ich behaupte: Mit meinen nicht abgehakten To-do-Listen der vergangenen 25 Jahre könnte man mehrere Altpapiercontainer füllen.

An meinem eigenen kann ich jeden Tag beobachten, dass die meisten Männer anders mit zu Erledigendem umgehen. Mein Mann würde nie auf seinen ausgiebigen Kaffeegenuss am Morgen verzichten, nur weil das Altglas im Keller den Weg zur Waschmaschine verstopft. Zunächst meine Bedürfnisse, so denken Männer, dann mal schauen, ob Zeit bleibt, zum Container zu fahren. Was auf den ersten Blick egoistisch klingt, ist im Grunde nur ge-

sund. So wichtig ist der Glasmüll doch auch wieder nicht. Aber die meisten von uns Frauen sind anders. Die würden ihren Kaffee zwar auch trinken, aber währenddessen denken:
»Das Altglas! Gleich muss ich zum Container! Jetzt aber schnell, das Altglas!«
Ergebnis?
Der Mann hat seinen Kaffee mehr genossen.
Ich kenne keinen Mann, der sich vornimmt, Schubladen auszuwischen. Tupperdosen nach Größe zu sortieren. Kellerregale auszumisten. Gewürzschubladen zu reinigen. Überhaupt, Gewürzschubladen. Über die könnte ich ein eigenes Buch schreiben. Wer von euch eine Frau kennt, die ihre Gewürzschublade im Griff hat, kann mit Fug und Recht behaupten, jemanden zu kennen, den im Leben nichts mehr erschüttern kann.

Allen anderen geht es wohl eher wie mir: Man saugt, man wischt, man sortiert, man fegt, man seufzt. Und eine Woche später sieht alles wieder aus wie vorher.

Und dann gibt es da diese längerfristigen Projekte, von denen man denkt: Schaffe ich jetzt nicht. Mache ich später. Von denen man sich einbildet, irgendwann die Zeit dazu zu haben. Als ich meiner Freundin von solch einem Projekt von mir erzählte, das mich ständig quälte, weil ich nicht dazu kam, sagte sie:
»Das schaffst du, wenn dein Sohn größer ist.«
Es erschien mir damals wie eine realistische Einschätzung.

DAS DAMOKLES-PROJEKT

Welches ist euer Damokles-Projekt? Die eine Sache, die ihr von To-do-Liste zu To-do-Liste übertragt und die euch mit jedem Mal dreister ins Gesicht lacht, als wolle sie sagen:
»Machst du eh nie!«
Die über euch schwebt wie das sprichwörtliche Schwert, euch an schlechtgelaunten Tagen noch mehr die Laune verdirbt oder euch urplötzlich einfällt, wenn ihr um 3:35 Uhr in der Nacht Richtung Toilette wankt? Ist es die Zeitschriftensammlung, alle *Stern*-Ausgaben von 1980 bis heute, von der ihr nicht wisst, was ihr damit tun sollt? Die alten Steuerordner, die eigentlich entsorgt gehören? Das Geburtstagsbuch zu Omas Neunzigstem, das mit jedem vergehenden Tag unrealistischer fertigzustellen wird? Die alten VHS-Kassetten mit Kinderfilmen, die digitalisiert werden müssen, bevor sie endgültig zu Staub zerfallen? Der Kellerschrank, in den seit Jahren nur noch mehr gequetscht wird und niemand mehr weiß, was ganz hinten drin liegt? Die alten Babyklamotten eurer Kinder, die ihr auf dem Flohmarkt verkaufen wolltet? Der Stapel sauteurer zu eng gewordener Jeans, die ihr bei eBay reinstellen müsst?

Ich könnte ewig so weitermachen.

Mein größtes persönliches Damokles-Projekt sind unsere Fotos. Als ich noch jung, frisch und kinderlos war, habe ich eine zerstörerische Tradition angefangen. Ich erstellte von jedem Jahr ein Album. Die ersten Jahre mit Papierbildern und Fotokleber, irgendwann dann am Rechner. Dann, vor zehn Jahren, bekam ich meinen Sohn. Und das war das Ende der Fotobücher. Eines schaffte ich noch, von seinem ersten Jahr, unter Schweiß und Tränen, nachts im Halbdunkel erstellt, das schlafende Kind sabbernd über meinen Knien. Dann war es vorbei. Ich fand einfach nicht mehr die Zeit dafür. Da war mein Sohn selbst, der alles auf den Kopf stellte und mein Leben bis heute zu einem werden ließ, in dem es okay erscheint, ab und an ungekämmt Brötchen holen zu gehen. Da waren die tausend Aufgaben, die mit ihm einherkamen. Und da war mein Job, den ich nie aufgegeben habe. Für stundenlange Bildersichtung und Layout-Gestaltung war einfach kein Raum. Mit jedem Jahr, das verging, und in dem wir gefühlte tausend Digitalaufnahmen von ihm schossen, schien es unrealistischer, je wieder hinterherzukommen. Meine Schuldgefühle wurden proportional mit seinen Spiderman-Unterhosen größer.

Ein Kind braucht doch Fotoalben zum Blättern.

Eine Mutter muss doch später, wenn das Kind aus dem Haus ist, über einem Buch sitzen, blättern und sagen:

»Das war die schönste Zeit.«

Wenn irgendjemand mir die Laune verderben will, muss er nur das Wort »Fotobuch« sagen, und sofort ist der Tag im Eimer.

Bis meine Freundin eines Tages sagte: »Das machst du später. Wenn der Kleine größer ist und dich nicht mehr so braucht. Dann hast du wieder unendlich viel Zeit.«

Ihr Trost wirkte die ersten fünf Jahre. Dann entpuppte er sich als leere Versprechung. Denn auf dieses »später« warte ich noch immer. Wann kommt denn das? Irgendwann dämmerte mir: Es ist eine Illusion. Es wird nie kommen. Es wird immer irgendein wichtiges berufliches Projekt geben, das keinen Aufschub erlaubt. Irgendeine Renovierungsmaßnahme im Haus. Irgendein Ehrenamt in der Schule, um das ich mich nicht mehr drücken kann, und das sich unglücklicherweise als Fulltime-Job herausstellt. Der Moment, in dem wir aufgabenlos in unserer aufgeräumten, blitzblanken, ordentlich gestrichenen, komplett eingerichteten Wohnung stehen und denken:

»Ich langweile mich. Jetzt setze ich mich an mein Damokles-Projekt«.

Der kommt nicht, ich habe es jetzt kapiert.

BRING ES HINTER DICH!

Was tun also mit unseren quälenden Nicht-Erledigungen? Weiter quälen? Keine Option! Was mir geholfen hat, ist, ehrlich zu mir zu sein. Mir einzugestehen, dass keine Frau der Welt imstande wäre, zehn Jahre Digitalfotografie zu sichten und daraus künstlerisch hochwertige Layouts zu erstellen. Kurz kamen mir ob dieser Erkenntnis die Tränen. Dann klopfte ich mir auf die Schulter und sagte mir: Dein Sohn wird nicht sagen können, dass seine Mama die besten Fotobücher der Welt gestaltet hat. Aber er wird sagen können, dass ihr oft zusammen Kekse gegessen habt. Dass du nie nein zu Kuscheln oder Vorlesen gesagt hast, nicht mal vor fünf Uhr in der Früh. Dass du für ihn albern getanzt und so getan hast, als seist du eine Hundemama, bis es dir zu den Ohren wieder rauskam.

Und das ist alles wichtiger als Fotobücher.

Für meinen endgültigen Seelenfrieden habe ich ein paar Lieblingshandybilder in eine supereinfache App gezogen, die automatisch ein Buch druckt und schickt. Nicht das, was ich einst im Sinn hatte, aber besser als gar nichts. Einmal im Jahr mache ich das jetzt, es dauert eine Stunde, und gut ist. Die Fotobücher der Vergangenheit habe ich von allen To-do-Listen gestrichen. Das Später, in dem ich für sie Zeit haben werde – es wird nie kommen.

Schaut euch also euer persönliches Horrorprojekt an und überlegt: Wie könntet ihr es ein für alle Mal aus der Welt schaffen –

auf dem allerschnellsten und einfachsten Weg? Ganz oft heißt die Lösung: Indem ihr großzügig wegschmeißt. Ohne Mist, wenig ist befreiender, als alte Schränke auszumisten und einen Großteil davon in den Hausmüll zu tragen oder zu spenden. Wenn ihr den Kram jahrelang nicht gebraucht habt, werdet ihr es auch in Zukunft nicht, also nehmt euch jetzt einmal die Zeit und dann ganz fest vor, dass ihr ohne große Überlegung wegschmeißt. Meist geht das zügiger, als man dachte. Und bitte nicht der Versuchung erliegen, in alten Briefen oder Tagebüchern zu lesen. Glaubt mir, ich spreche aus Erfahrung. Mein Mann fand mich einmal abends im Keller rührselig kauernd über alten Schriften, noch immer im Nachthemd vom Morgen.

Was Projekte wie Oma-Basteleien oder Filmdigitalisierungen angeht, habe ich zwei Strategien. Die erste lautet: Lieber zahle ich jemandem Geld dafür, als weiter deswegen schlecht zu schlafen. Dieser langhaarige Computernerd, den ich dafür aufsuchte, lacht sich wahrscheinlich immer noch in den Schlaf wegen der Rechnung, die er mir für drei DVDs voller Kinderfilme stellte, aber immerhin ist das Thema jetzt ein für alle mal geklärt.

Meine zweite Strategie: Es geht auch eine Stufe drunter. Ehrlich, natürlich würde Oma sich über ihre Memoiren in gebundener Form freuen. Aber nicht minder über Gekrickel aller Enkelkinder in Klarsichtfolie. Es muss nicht immer die ganz große Sache sein, der Gedanke zählt, und ich versuche, wo ich kann, eine Nummer runterzuschalten.

WAS WIRKLICH ZÄHLT

Nicht runterschalten möchte ich bei Dingen, die wirklich glücklich machen. Das ist nämlich die ganz große Gefahr an den To-do-Listen: dass sie uns das Jetzt versauen. Dass wir so beschäftigt damit sind, irgendetwas Nebensächlichem hinterherzurennen, dass wir ganz vergessen, was wirklich wichtig ist. Wirklich wichtig sind zum Beispiel:

- Sonntage im Schlafanzug, ohne dass jemand ständig sagt: »Wir müssen aber noch...«
- Picknicke auf dem Küchenfußboden, bei denen gekrümelt und geschlabbert werden darf, ohne dass jemand meckert.
- Tage am Meer, nach denen man denkt, die Haare abschneiden zu müssen, weil keine Spülung der Welt die ganzen Nester entwirren kann.
- So viel nackig sein wie möglich.
- So viel zu naschen, bis man Bauchweh kriegt.
- So lange tanzen, bis die Sonne aufgeht.

Als ich zu meiner Freundin einmal sagte: »Du, das stimmt gar nicht, dass ich jetzt, wo mein Sohn älter ist, mehr Zeit habe für die Fotobücher«, grinste sie. Und sagte dann etwas, an das ich mich immer erinnere, wenn ich mich mal wieder quäle mit den Dingen, die ich nicht geschafft habe:

»Woran willst du dich später auf deinem Sterbebett erinnern? Daran, dass deine Wohnung immer aufgeräumt war? Dass deine Gewürzschublade stets krümelfrei war? Nie einer deiner Tupperdosen ein Deckel fehlte? Dass du nach Jahren sortierte Fotobücher im Regal hattest? Oder daran, dass du häufig deine Kinder im Schlaf bestaunt hast? Mit deinem Mann in der Dämmerung auf der Terrasse Händchen hieltest? Mit deinen Freundinnen gelacht hast, bis einer davon Sekt aus der Nase lief?«

Dann ist die Antwort doch ganz einfach, oder?

Also: Lasst uns immer mal wieder innehalten und uns klarmachen, was wirklich zählt. Denn das Leben besteht aus Momenten, an die man sich später erinnert – nicht aus Aufgaben, die man abgehakt hat.

Wir sollten es wie Katzen machen.
Auf alles, was wichtig sein könnte, erst mal drauflegen und unwissend gucken.

5. Kapitel

ILLUSION NR. 5: »WIR KÖNNEN ALLES HABEN«

Wenn man jung ist, denkt man das, oder? Dass man sich genau das Leben formen kann, das man will. Dass man einmal im Vorstand eines Dax-Unternehmens sitzt und zu Hause vier Kinder und ein Hund rumlaufen, als sei das alles eine Frage der Organisation und des Willens. Wer noch nicht so weit ist, denkt oft, alles anders machen zu können als die vor einem. Wird schon gehen, irgendeinen Weg findet man, keine Ahnung, was die falsch gemacht haben, es wird schon möglich sein...

Wenn man ein gewisses Alter erreicht hat, weiß man: Es geht nie alles. Man muss sich irgendwann entscheiden. Zum Beispiel: Für oder gegen Kinder.

Und wenn man welche hat, dann: Für oder gegen viel Zeit mit ihnen – und damit für oder gegen die ganz große Karriere. Alles ist für niemanden machbar, denn unsere Zeit ist begrenzt.

Wer die Entscheidung gegen Kinder getroffen hat, wird sich vielleicht manchmal fragen, was er verpasst hat. Ob er es je bereuen wird. Ihm später im Alter einmal etwas fehlt, oder er von einer Traurigkeit eingeholt werden könnte, diesen Weg nie gegangen zu sein. Ganz besonders, wenn diese Entscheidung keine freiwillige war. Ich selbst kann darüber nur mutmaßen und beobachten, wie Freundinnen von mir damit umgehen. Mein Eindruck ist: Frauen ohne Kinder schaffen es häufig, ihren größten Vorteil zu nutzen – den ihrer Freiheit. Was auch immer für Entscheidungen sie treffen, sie müssen damit höchstens Rücksicht auf ihren Partner nehmen. Sie können mit Ende 40 noch mal umplanen, ein Café aufmachen, ihren Traum vom kleinen Einrichtungsladen oder dem Bed & Breakfast am Meer verwirklichen. Sie können reisen, wann und wie lange sie wollen, ohne auf Ferienpläne zu schielen oder sich zu überlegen, ob es für Kinder in Myanmar spannend genug ist oder sie selbst zwei Wochen ohne Kinderanimation überstehen.

Sie können immer spät schlafen gehen, weil sie am Wochenende ausschlafen können. Sie haben meistens die gepflegteren Nägel, die straffere Haut, die ordentlicher frisierten Haare und die moderneren Klamotten. Häufig haben sie auch die besseren Jobs, die höheren Gehälter und die bessere Beinmuskulatur.

Sie haben einfach mehr Zeit.

Wenn wir uns für den Weg mit Kindern entschieden haben, haben wir vor allem eins nicht mehr:

Freiheit.

Ein Freund sagte einmal zu mir, als mein Sohn noch ein Baby war: »Du bist ja jetzt nicht in erster Linie Mama, du bist ja immer noch in erster Linie Simona.«

Ich habe einen Moment lang nachgedacht und ihm dann widersprochen. Denn von dem Moment an, in dem man ein Baby bekommt, ist man, ob man es will oder nicht, in erster Linie Mama. Es ist immer wichtiger, ob das Baby friert, Hunger hat oder sonst irgendwelche Bedürfnisse. Das hat nichts mit Helikopter-Bemutterung zu tun oder gar Selbstaufgabe: Das ist schlicht überlebensnotwenig. Die Natur hat es so eingerichtet, da das Baby ohne uns nicht überleben könnte. Ob wir gerade dringend aufs Klo müssen, Lust auf eine Folge *Breaking Bad* haben oder Appetit auf ein Stück Kuchen von unserem Lieblingsbäcker, am besten genossen im Beisein unserer besten Freundin – alles nebensächlich, zuerst kommt das Kind. Und dann lange nichts. Diese Fremdbestimmtheit war für mich in den ersten Monaten als Mutter ein Schock, denn ich hatte sie so nicht kommen sehen. Niemand kann einen auf das Gefühl vorbereiten, wie es ist, nicht duschen zu können, wenn man duschen will. Manches kann man sich einfach nicht vorstellen, bis man es selbst erlebt. So vieles habe ich vorher für übertrieben gehalten, was in der Realität schwieriger war als jede Schilderung.

Freiheit und Kinder können wir also schon mal nicht gleichzeitig haben. Wir bekommen sie zwar in Teilen zurück, wenn die Kinder älter werden, aber die Verantwortung für sie werden wir immer spüren und sie werden unsere Entscheidungen stets beeinflussen, auch wenn sie längst selbst erwachsen sind.

Aber was ist mit Karriere und Kindern? Das muss doch heute gehen, haben wir gedacht, als wir Anfang 30 waren. Die Facebook-Geschäftsführerin Sheryl Sandberg und die Ministerin Ursula von der Leyen haben es schließlich vorgemacht. Es hat sich so viel getan, seit unsere Mütter Mütter wurden und damit nicht selten auch Hausfrauen. Es gibt mittlerweile bessere, längere Kita-Betreuung, Elterngeld und Väter, die sich keinen Zacken aus der Krone brechen, wenn sie die häufiger vorhandenen Teilzeitmodelle ihrer Arbeitnehmer in Anspruch nehmen. Stimmt alles.

Und trotzdem: Wer Kinder hat, musste meist schmerzlich erfahren, dass jede Entscheidung zum Verlust von etwas anderen führt. Man kann heute Ministerin oder Facebook-Chefin mit zig Kindern werden, stimmt. Aber man kann nicht erwarten, dann dabei zu sein, wenn eines davon den ersten Schritt macht, den ersten Dinosaurier malt oder den ersten Milchzahn per *Michel aus Lönneberga*-Seiltrick entfernt. Man hatte, wenn man die Betreuung der Kinder delegiert, weniger Zeit mit ihnen. Und das ist ein Opfer, ein großes.

Ich kenne viele Karrieremütter. In diesen Familien ist alles erstaunlich straff organisiert, und für alle ist gesorgt. Die Kinder sind oft stolz auf ihre erfolgreichen Mütter und genießen jede Minute mit ihnen umso mehr, auch wenn sie sicher manchmal mosern. Wer oft darunter leidet, um sieben hereinzurauschen und gerade noch ein Käsebrot schmieren zu können, sind die Mütter. Weil sie sich doch immer fragen, ob sie ihren Kindern zu viel zumuten. Weil sie sich oft schon seit Jahren zerreißen zwischen den verschiedenen Rollen und immer das Gefühl haben, keiner genug gerecht zu werden. Weil sie darum trauern, wichtige Momente verpasst zu haben, und auf Dienstreisen heulend im Hotel sitzen, weil sie ihre Kinder vermissen. Ich will nicht sagen, dass diese Mütter einen Fehler begehen. Ich will nur sagen: Sie bringen ein Opfer. Und davor habe ich großen Respekt.

Auch die Mütter, die auf die ganz große Karriere ihren Kindern zuliebe verzichtet haben, bringen ein Opfer. Das geringerer Rentenansprüche. Das von weniger Einkommen. Geplatzter Träume, nicht ausgeschöpftem Potenzial, geringerem Selbstbewusstsein, Abhängigkeit vom Mann, weniger Anerkennung. Ich habe mich einst für diesen Weg entschieden. Mein Mann sagte damals während meiner Schwangerschaft:

»Es wird sich nicht so viel ändern, du wirst sehen.«

Ausgerechnet in dieser Zeit bekam ich gleich drei Angebote für Führungspositionen, die ich – wegen des anstehenden Nachwuchses – ausschlug. Es war das erste und letzte Mal, dass jemand mir solche Positionen anbot. Und das liegt vor allem daran, dass ich nicht wieder Vollzeit einsteigen wollte. Ich konnte das Opfer nicht bringen, auf wichtige Momente mit meinem Kind zu verzichten. Ich wollte wenigstens die Nachmittage mit ihm verbringen, von Spielplatzbänken aus beobachten, wie er buddelt, ihn selbst zum Fußball fahren. Doch Teilzeitstellen in Führungsebene gibt es leider immer noch kaum. Also entschied ich mich für diesen Weg: keine große Karriere, keine Mitarbeiter unter mir, kein ganz großes Gehalt, keine finanzielle Unabhängigkeit, keine Eltern, die beim Golf mit dem Bombenjob der Tochter angeben. Für mich ist das durchaus eine bittere Pille, weil ich immer ehrgeizig war und glaube, dadurch mein Potenzial nicht vollends ausgeschöpft zu haben.

Zu was wäre ich fähig gewesen, wenn?

Zugegeben, ich hadere mitunter damit, frage mich in schwachen Momenten, ob ich einen Fehler begangen habe, schließlich hat mein Mann heute genau den Job und genau das Einkommen, das er auch ohne unseren Sohn gehabt hätte. Das erscheint mir als ungerecht, und manchmal macht es mich wütend, dass ich dies aus freien Stücken zugelassen habe. Aber am Ende des Tages weiß ich: Ich musste wählen. Ich konnte nicht alles haben. Keiner kann das. Und ich für mich habe die richtige Entscheidung getroffen. Die, die für mich das geringste aller Opfer darstellte, das größtmögliche Glück. Ich möchte keinen gemeinsamen Nachmittag mit meinem Kind missen. Ich fürchte, ich wäre ohnehin eine miese Chefin geworden.

Kinder kannst du heute nicht mehr
im Wald aussetzen.
Die meisten haben Smartphones
mit Google Maps.

6. Kapitel

ILLUSION NR. 6: »50 IST DAS NEUE 40«

Menschen werden heute älter. Sie bleiben länger fit. Und ja, durch unsere ausgewogene Ernährung und Lebensweise altern wir langsamer. Trotzdem: Wir altern. Wir stehen morgens nicht mehr einfach auf und können jede beliebige Körperhaltung einnehmen, ohne jegliche Schmerzen. Wenn wir uns in einem ungünstigen Moment zu schnell unbedacht bewegen, kann das zur Folge haben, dass wir wochenlang das Gesicht beim Schuhe zubinden vor Schmerz verziehen. Wilde Cabriofahrten? Steifer Nacken, sofort! Es schmeckt uns jetzt zwar meist jeder Alkohol, auch der »nicht süße«, aber wir vertragen ihn immer schlechter. So ein weinseliger Abend, der hängt einem gern mal eine halbe Woche nach.

Schweres Essen nach acht Uhr abends? Danach wälzen sich Dreiviertel von uns unruhig in den Laken.

Auf hohen Schuhen zur Stehparty? Wir wollen uns doch nicht umbringen!

Nein, wir sind keine 25 mehr und wir vergessen es nur selten und nur kurz, weil unser Körper uns meistens mit irgendeinem Ziepen oder Ächzen daran erinnert.

Und das zeigt sich eben auch gesundheitlich. Jede Frau über 40 hat irgendetwas zu beklagen. Die allermeisten haben irgendeine Form von »Rücken«, was sie veranlasst, zur Akkupunktur, Osteopathie oder sonst wo hin zu gehen, wo sie sich einbilden, dass ihnen geholfen wird, denn ganz weg geht so ein Rücken in unserem Alter nicht mehr.

Viele haben Migräne. Kreislauf. Reizdarm. Hallux Valgus oder sonst irgendwelche Probleme mit den Füßen. Und das sind nur einige der Dinge, mit denen man sich in unserem Alter plötzlich rumschlagen muss. Und die eher harmlosen, denn auch die schwerwiegenderen suchen die ein oder andere von uns jetzt leider heim.

Die meisten meiner Freundinnen gehen häufig zum Arzt. Oder zum Heilpraktiker oder wem auch immer sie vertrauen, dass er sie ein wenig von ihrem Leiden erleichtern kann. Ich vertraue meinem Chiropraktiker, wenn der mich nicht einmal die Woche einrenkt, laufe ich nicht mehr geradeaus. Mein Mann sagt manchmal, wenn ich schlechte Laune habe: »Sollen wir Manuel anrufen und fragen, ob er noch einen Termin frei hat?« Und manchmal machen wir das sogar.

Über all dem schwebt, wie ein böser Geist, ein Wort, das selten jemand laut ausspricht.

Die Menopause.

Im Ernst, wer redet schon öffentlich über den Beginn seiner Wechseljahre? Da werden höchstens wissende Blicke ausgetauscht, wenn Silke schon wieder das Fenster aufreißt, obwohl sie bereits im Unterhemd dasitzt. Wenn Gabi sagt, dass sie seit einiger Zeit kein scharfes Essen mehr verträgt. Wenn Anne über ihre Stimmungsschwankungen und den Besuch eines Lachyoga-Tantra-Kurses berichtet. Ich habe meine kalten Füße abends im Bett erst in diesem Alter richtig zu schätzen gelernt, weil ich immer denke: Solange meine Füße so kalt sind, kann keine Rede von Hitzewallungen sein.

Ihre Fruchtbarkeit zu verlieren ist für eine Frau mindestens ein so einschneidendes Ereignis wie sie zu erlangen. Welche könnte je den Moment vergessen, in dem sie erstmals ihre Periode bekam? Die Aufregung, die Scham, die Fragen, die diese Entdeckung in uns auslöste. Jahrzehntelang waren sie eher nervig, unsere Tage, und trotzdem ein Zeichen dafür, dass wir Frauen sind und Mütter werden können.

Wenn sie dann das erste Mal ausbleiben und das nicht, weil man ein Baby erwartet, ist es doch ein komisches Gefühl. Ein wehmütiges. Da verabschiedet sich ein Teil von uns. Da endet ein Lebensabschnitt. Jetzt werden wir nie mehr schwanger sein, keine Geschwisterchen für die vielleicht vorhandenen produzieren, und auch das gemeinsame Kind, entstanden aus der heimlichen Liebschaft mit Oliver Bierhoff – wird ein Traum bleiben.

Die Wechseljahre sind für uns mit Ängsten verbunden – vor der Einnahme von Hormonen, vor Wutausbrüchen, allerlei fiesen Beschwerden, noch mehr Körperbehaarung und der Veränderung der Persönlichkeit. Davor, dass wir irgendwie keine richtigen Frauen mehr sein könnten, dass mit unseren fruchtbaren Eizellen auch unsere Sexualität verschwinden könnte. Dass wir nicht mehr so anziehend sein könnten für unsere Männer und zu meckernden alten Tanten werden und ganz sicher nicht mehr zum Objekt der Begierde.

Ja, wir werden fitter älter, aber wir sollten uns nicht einbilden, die Natur aufhalten zu können. Sie ist und bleibt stärker als wir.

Eine meiner besten Freundinnen ist bereits durch dieses Tal hindurch und an der anderen Seite angekommen. Immer, wenn ich solch besorgte Gedanken äußere und sie frage, wie ihr Mann mit all dem umgehe, schaut sie mich verständnislos an und sagt: »Gerd ist begeistert. Wir können jetzt spontan ungeschützten Sex haben, wenn wir möchten.«

Eigentlich wollte ich es so genau gar nicht wissen. Aber beruhigend fand ich ihre Reaktion schon. Vor allem, weil ich das immer häufiger höre: Dass Wechseljahre ätzend sind. Aber das Liebesleben zum Glück nicht schlechter werden muss. Im Gegenteil, viele erzählen freimütig, dass es sogar immer besser wird, je älter sie werden. Weil sie ihre Körper besser kennen. Besser wissen, was sie schön finden. Dieses auch deutlicher artikulieren können. Und Männer an ihrer Seite haben, die nicht mehr zu beschäftigt mit sich selbst und ihrer ungezähmten Jugend sind. Sondern Spaß daran finden, sich Zeit für ihre Partnerin zu nehmen. Mehr zu schmusen, vorher und nachher. Manche davon müssen hier und da etwas motiviert werden, weil sie eben nicht mehr wie mit 20 eigentlich immer wollen. Aber wenn man sie überredet kriegt, lohnt es sich.

Und überhaupt, sollten wir uns mit dem Gedanken trösten: Männer bekommen zwar keine Wechseljahre, aber bei ihnen verändert sich auch einiges, hormonell und körperlich. Die Bäuche werden dicker. Das Schnarchen lauter. Das Gehör schlechter, vor allem, wenn wir über die Beziehung oder Aufgaben im Haushalt reden wollen. Am besten versuchen wir, das gemeinsam mit Humor zu nehmen. Die müssen durch unsere irrationalen Stimmungsschwankungen. Und wir müssen durch ihre »Haare-über-den-Kopf-kämmen-vielleicht-fällt-es-dann-nicht-auf-Phase«. Ich finde, das klingt fair.

Ich hab jetzt genau das richtige Alter.
Ich muss nur noch herausfinden
für was.

7. Kapitel

ILLUSION NR. 7: »WIR HABEN FÜR ALLES NOCH EWIG ZEIT«

Dass das Später nie mehr kommt, haben wir bereits hinreichend geklärt. Und trotzdem liegt mir da noch etwas auf der Seele zum Thema Zeit. Dabei geht es diesmal nicht um die Dinge, die wir tun müssen. Sondern die, die wir tun möchten. Die sich immer dann in unsere Gedanken schleichen, wenn wir mal einen Moment nur für uns haben. Von denen wir fantasieren, wenn wir ein schönes Lied im Radio hören. Die sich nachts in unseren Träumen Raum verschaffen und nach denen wir uns fühlen wie eine Superheldin. Und ich meine nicht die Träume, in denen Kai Pflaume uns zur Frau will. Sondern die, die einen Funken Wahrheit in sich tragen.

Jede von uns hat doch Träume, manche entstehen neu, manche schleppen wir schon sehr lange mit uns rum. Und die große Illusion, mit der wir uns häufig beruhigen, ist: Dass wir doch dafür noch Zeit haben. Dass wir das schon irgendwann anpacken und in die Tat umsetzen werden.

Irgendwann.

Das Problem ist nur: Unser Leben ist endlich. Also warum warten wir und worauf?

Zunächst einmal sollten wir uns diese Träume ganz genau ansehen: Worüber reden wir hier? Eine Teilnahme bei *Germany's Next Topmodel*? Entdeckt zu werden als neues Gesicht des Deutschen Films? Backgroundsängerin von Sting zu werden? Kann ich alles gut nachvollziehen! Ich warte, seit ich mit 15 in einer Hip-Hop-Gruppe mit Tarnstreifen im Gesicht tanzte ‚auf den Anruf für die Mitwirkung bei einem Hip-Hop-Musikvideo. Natürlich tut es etwas weh, mir einzugestehen, dass ich nie weiter davon entfernt war als heute. (Die einzige Rolle, die man mir noch in einem Musikvideo zusprechen könnte, wäre die der schrulligen Tante, die das junge Paar beim unanständigen Tanzen erwischt.)

Das sind die Art Träume, über die wir beim Wein mit unseren Freundinnen lachen. Sicher, für all diese Projekte ist es jetzt ein für alle mal zu spät.

Bitter?

Ja, sicher, ein bisschen. Obwohl ich überzeugt davon bin, dass unsere Eltern allesamt sehr dankbar sind, dass wir in diesen Fällen vom Leben enttäuscht wurden. Man stelle sich das Gesicht meines Vaters vor, wenn ich ihm eröffnet hätte, bald in einem Musikvideo mit dem so mittel begabten Hintern zu wackeln. Lassen wir das lieber!

Viel wichtiger: Es gibt immer noch jede Menge realisierbare Ziele. Träume, für die es nicht zu spät ist.

DIESE EINE REISE

Gibt es für euch diese eine Reise, die ihr immer schon unternehmen wolltet? Welche ist es bei euch? Tauchen mit Schildkröten auf den Malediven? Durch Kanadas goldenen Herbst mit dem Wohnmobil? Schottlands Küsten auf einem Shetland Pony?

Warum habt ihr diese Reise noch nicht gemacht?

Zu teuer?

Legt jeden Monat etwas zur Seite. Spart an anderen Dingen, verzichtet auf die neue Bluse oder kauft die normalen statt die Bioäpfel – jeder Cent zählt. Was könnte wichtiger sein als die Reise, von der ihr träumt?

Zu weit?

Im Ernst, nichts ist zu weit! Heutzutage kommt man überall hin. Gegen Flugangst gibt es Tabletten, Seminare und beste Freundinnen mit Schnaps und Kartenspielen in der Handtasche.

Was ist schon ein etwas schwieriger Tag im Flugzeug gegen die Tage, die kommen, von denen ihr für immer erzählen werdet?

Niemand will mit? Ich verstehe die Angst, allein zu verreisen, denn ich teile sie. Für mich ist es sogar schwierig, einen Abend bei einem Italiener um die Ecke ohne Begleitung durchzustehen. Aber gerade deswegen denke ich, dass ich es irgendwann mal wagen sollte, einen Urlaub nur für mich zu buchen.

Geschäftlich kenne ich das durchaus schon lange. Neulich war ich für einen Roman, den ich gerade schreibe, auf einem Tagesausflug in Bremen, wo meine Geschichte spielt. Ich brauchte noch ein paar Eindrücke, ein paar Locations, die ich aus dem Kopf nicht lebendig genug beschreiben konnte. Also lieh ich mir am Bahnhof ein Fahrrad und fuhr durch die ganze Stadt. Es war Winter, ich hatte kalte Hände und Wangen, aber es fühlte sich großartig an. Ich war nur auf mich gestellt, musste mich nach niemandem richten, ich traf alle Entscheidungen. Ich bin zwischendurch in ein vegetarisches Café in der Neustadt eingekehrt, habe mir Notizen gemacht und eine Gruppe älterer Damen beobachtet, die am Nachbartisch über ihre Enkelkinder sprachen. So werden wir auch eines Tages sein, dachte ich. Einige kamen mit Rollator, einige bestellten zwei Stück Torte, ihr Highlight für diesen Tag. Ich fürchte, keine von ihnen fliegt mehr nach Kenia oder Vietnam oder Neuseeland.

Aber wir können das noch.

Und wenn wir es uns partout nicht allein trauen, dann gibt es Portale für Reisebegleitungen oder Gruppenreisen. Ich fürchte mich vor denen fast mehr als vorm Alleinreisen, aber zumindest hat man dann Gesellschaft. Man kann gemeinsam über rote Felsen staunen oder sich wundern, warum die Einheimischen diesen

Kopfschmuck tragen. Man kann sich gemeinsam vor Riesenspinnen fürchten, Durchfalltabletten austauschen und Schlachtpläne gegen die Mücken in der Nacht aushecken. Keine Reisebegleitung zu haben ist kein Grund gegen euren Reisetraum, es ist nur eine Ausrede, die nicht gilt.

Und die Sicherheit vor Ort?

Okay, das ist mehr als eine Ausrede. Wenn es sich um Länder wie den Irak, Syrien oder den Tschad handelt. Die allermeisten Länder jedoch sind mit der richtigen Vorbereitung oder gesundem Menschenverstand kein Problem. Ich zum Beispiel bin ein großer Fan von Australien, wo ich glücklicherweise schon mehrfach hinreisen durfte. Immer, wenn ich davon berichte, sagt einer in der Runde:

»Da will ich nicht hin, da sind mir zu viele giftige Tiere.«

Natürlich, das stimmt, nirgendwo leben so viele gefährliche Tierarten auf einem Fleck wie in Australien. Mir jedoch ist auf drei Reisen nicht eine Schwarze Witwe begegnet, nicht eine Todesotter, nicht eine Aga-Kröte. Dafür sehr viele Kängurus und Koalas und unfassbar freundliche Einheimische. Wegen giftiger Tiere nicht nach Australien zu reisen ist in etwa so logisch wie Deutschland wegen Niederschlagsgefahr zu meiden.

Meine Mutter, die jahrelang von Südafrika träumte, traute sich nicht dorthin, weil eine Bekannte auf dem Golfplatz Schauermärchen von Überfällen auf Parkplätzen verbreitete. Ich will das nicht abstreiten, Südafrika hat eine hohe Kriminalitätsrate, und man muss genau wissen, wo und wie man sich dort sicher bewegen kann. Seit meine Mutter sich jedoch traute, reist sie jedes Jahr im Winter nach Kapstadt. Angst, sagt sie, hat sie vor Ort noch nie gehabt. Sehr wohl aber jede Menge vorzüglichen Wein und unvergessliche Momente vor einer Traumkulisse.

Also:
Kauft den Reiseführer!
Macht die Kostenkalkulation!
Holt euch Angebote rein!
Und plant diese Reise!
Wann wenn nicht jetzt?

DER TRAUMJOB

Habt ihr den Job, den ihr immer wolltet? Von dem ihr geträumt habt früher, als ihr darüber nachgedacht habt, wer ihr sein werdet, wenn ihr erwachsen seid? Bei mir ist das etwas gespalten. Ich wollte immer schon schreiben. Geschichten erzählen, reale und ausgedachte, und dieses Ziel habe ich immer verfolgt. Ich habe früh bei der Tageszeitung gejobbt, die Abizeitung als Chefredakteurin produziert, Journalistik studiert und gefühlte 100 unbezahlte Praktika angesammelt. Der Plan ist aufgegangen, seit über 20 Jahren lebe ich vom Schreiben und ich liebe es noch immer.

Aber es gibt da auch diese andere Seite, und die ist mit dem Älterwerden lauter geworden. Die, die Bilanz zieht, die sich fragt, ob man wirklich alles richtig gemacht hat. Ob man seine Potenziale ausgeschöpft hat, alles rausgeholt oder sich mitunter vor Chancen versteckt hat, weil man zu bequem war oder sich fürchtete. Als ich mich für meinen Beruf interessierte, spielte es für mich keine Rolle, dass man damit weder besonders viel Ansehen noch Reichtum anhäufen kann. Beides waren keine Kriterien der Berufswahl für mich. Ich habe mich auch nie als schlecht bezahlt betrachtet. Ich hatte das Gefühl, es sei fair, für etwas, das weder geistig noch körperlich große Härten aufweist, nicht mit Geld beworfen zu werden. Politischer Journalismus ist sicher eine wichtige Instanz, das sind Leute, die einen Job machen, der wirklich gebraucht wird. Ich aber habe immer nur Unterhaltung gemacht. Ich rette keine Menschenleben, ich bekämpfe nicht das Böse, ich sorge nicht dafür, dass Steuern gezahlt werden. Ich schenke Menschen im besten Fall ein paar nette Momente – ein paar Erkenntnisse mitunter, vielleicht bringe ich sie zum Lachen. In meinen Augen ist das kein Job, für den man fürstlich entschädigt werden muss. Vor allem, weil er sich für mich oft nicht anfühlt wie Arbeit, sondern wie mein Hobby, meine Leidenschaft. Ich hatte überhaupt nur einmal einen Chef, wegen dem ich regelmäßig aufs Klo heulen gehen musste, und verbuche das im Nachhinein unter »Persönlichkeitsbildung«. Ansonsten finde ich die Einschätzung mancher Leute, »Simona schreibt 'nen bisschen von zu Hause«, ganz zutreffend, auch wenn sie mich kränkt. Denn bei aller Liebe zu meinem Job – es ist nun mal meine Art, Geld zu verdienen. Und es ist auch Arbeit.

Aber natürlich vergleicht man irgendwann. Mit den anderen Müttern in der Schule, die Marketingchefin eines großen Unternehmens sind. Den ehemaligen Klassenkameradinnen, die entweder beim Roten Kreuz die Welt retten oder einen Doktor haben und ihre dritte wissenschaftliche Arbeit im Fachverlag veröffentlichen. Die locker das Dreifache von mir verdienen und deren Berufsleben mit so viel mehr Bedeutung aufgeladen ist. Warum habe ich mich nie für einen »richtigen« Beruf entschieden? Einen, den alle Verwandten einwandfrei verstehen würden, der nach Arbeit aussieht und klingt, der Anerkennung bringt und von niemandem missverständlicherweise mit einem Bastelhobby gleichgesetzt werden könnte? Manchmal frage ich mich, ob ich zu bequem war.

Mich durch ein Jurastudium oder, Gott bewahre, BWL-Studium zu quälen, wäre mein Alptraum gewesen. Aber dann hätte ich vielleicht heute das Gefühl, etwas geleistet zu haben, mir durch mein Leiden etwas verdient zu haben. Eine Rolle in dieser Gesellschaft einzunehmen, die gebraucht wird, eine Frau zu sein, über die irgendjemand sagt, sie »arbeite auch sehr viel«. Ich glaube, über mich hat das noch nie jemand gesagt, obwohl es in der Tat immer mal wieder zutrifft.

Am Ende jeder dieser Überlegungen jedoch steht bei mir eine große Erleichterung. Die Erleichterung, einen Job gewählt zu haben, der sich nur selten wie einer anfühlt. Spaß an dem zu haben, was ich tue. Und dafür nehme ich gerne in Kauf, dass ich mir niemals von meinem Jahresgehalt ein neues Auto werde kaufen können. Und niemand mich je ehrfürchtig ansehen wird, weil ich es zu einer richtig respektablen Position geschafft habe. Übrigens gibt es die ja durchaus auch in meiner Branche, auch für Frauen, allerdings habe ich die, die mir je angeboten wurden, wie schon erwähnt, in meiner Schwangerschaft ausgeschlagen. Heute bin ich sehr froh darüber, denn als Ressortleiterin hätte ich vielleicht nie ein einziges Buch geschrieben.

Wie sieht das mit euch aus? Seid ihr mit eurem Job im Reinen? Habt ihr das Gefühl, einst die richtige Wahl getroffen zu haben? Ich finde, jetzt, wo wir uns in der Mitte unseres Lebens befinden, sollten wir uns das ehrlich fragen. Denn jetzt besteht noch die Chance, etwas zu ändern. Nicht alles natürlich, bestimmte Türen sind jetzt zu. Aber das sind erstaunlich wenige. Warum solltet ihr nicht noch versuchen, euch nebenbei zur Innenarchitektin weiterzubilden? Warum solltet ihr nicht doch die Führungsposition anstreben, mit der ihr schon länger liebäugelt? Oder andersherum: downshiften, weniger Arbeit, weniger Verantwortung, dafür mehr

Zeit haben, für Dinge, die euch glücklich machen? Warum solltet ihr nicht nebenbei als Zumba-Lehrerin arbeiten, wer sagt, dass ihr das jetzt nicht mehr könnt?

Ich liebe diese Lebensweisheit, die besagt:

Love it, change it or leave it!

Liebe es, ändere es oder hör damit auf.

Ich finde, das gilt für viele Bereiche im Leben. Manches Mal hat man das Gefühl, etwas sei nun einfach nicht mehr zu ändern. Es sei für manches jetzt einfach zu spät, man müsse es hinnehmen. Aber wer bestimmt denn das? Nur ihr! Wenn ihr also davon träumt, euch als Karrierecoach selbstständig zu machen, dann bucht die Abendkurse, geht zu den Wochenendseminaren und packt das an! Wir haben noch viele Jahre in unserem Job vor uns. So viele Stunden, die wir damit verbringen. Da ist es doch wichtig, dass wir sie genießen, oder? Dass wir etwas tun, was uns gefällt. Mir war das am Ende immer wichtiger als das große Geld oder die große Anerkennung.

DAS ANDERE LEBEN

Falls das, wovon ihr träumt, sich nicht auf Reisen oder euren Job bezieht, sondern eine Veränderung größeren Ausmaßes betrifft, wird das Ganze zugegebenermaßen schwieriger. Wir sind eben nicht mehr 23. Wir kündigen nicht einfach Studentenbuden, packen unsere Habseligkeiten in Mama und Papas Keller und gehen für ein Jahr nach Ibiza, wo wir unser Geld als Animateurin bei entwürdigenden Poolspielen verdienen.

Habt ihr diese Alles-hinschmeißen-Fantasien? Noch mal ganz von vorn anfangen, alles anders machen? Nun, manchmal hilft es, sich mit einer Freundin oder sogar einem Coach hinzusetzen und zu besprechen, worum es hier eigentlich geht. Ist es die Arbeit? Der Alltag? Die Stadt? Der Mann? Alles auf einmal ist es selten, vieles hat einen Ursprung, an dem zu arbeiten einiges aufdröseln und lösen kann. Wer keine Familie, keinen festen Partner hat, der kann eventuell einfach kündigen und bei der Green Card-Verlosung mitmachen. Aber mit Kindern, einem Eigenheim und Ehemann wird ein solcher Schritt schwieriger. Doch auch dann nicht unmachbar. Er erfordert nur eine große Bereitschaft zur Organisation, Durchhaltevermögen und Mut.

Aber vielleicht muss es nicht New York sein? Vielleicht reicht eine andere deutsche Stadt? Ein Freund von mir ist, kurz bevor er 50 wurde, von Hamburg nach Berlin gezogen. Viele in seinem sozialen Umfeld haben skeptisch reagiert.

In so einem Alter noch mal ganz von vorn anfangen?

Er kennt doch da niemanden!

Er wird einsam sein.

Wer kümmert sich um ihn, wenn er krank ist?

Der kommt bald zurück, lauteten viele Prognosen.

Das Gegenteil war der Fall. Mein Freund ist in Berlin aufgeblüht. Und ich glaube, das war kein Zufall. Er hatte so von diesem Schritt geträumt, so dafür gearbeitet, dass er mit einer unglaublich positiven Einstellung in seine neue Heimat kam. Er WOLLTE es gut finden. Und mit dieser Geisteshaltung fand er es auch gut – jeden Hundehaufen auf Neuköllns Bürgersteigen stellte er auf Instagram, weil das einfach »so Berlin« sei. Was auch immer ihm begegnete, er liebte es. Und strahlte das aus. Innerhalb weniger Monate baute er sich einen neuen Bekanntenkreis auf, ein Nachbarschaftsnetz, eine innere Karte von Plätzen, an denen er sich zu Hause fühlt. Er dankt sich selbst jeden Tag dafür, dass er die Kraft und den Mut aufgebracht hat, diesen Schritt zu gehen. Er zog nur in eine neue Stadt – aber er bekam, wie er selbst sagt, ein neues Leben.

Denkt mal darüber nach, wenn ihr euch ein neues Leben wünscht: Was wäre der realistischste, kleinste Schritt, um etwas zu ändern? Und dann fangt mit dem an. Vieles andere wird sich von allein ergeben, denn ich bin fest überzeugt davon: Wenn ihr eine Tür aufstoßt, öffnen sich automatisch zig andere. Wir stecken jeden Tag so viel Energie in Dinge, die nicht wirklich wichtig sind wie die perfekte Geburtstagseinladung oder quälend lange Friseurtermine – dabei sollten wir anfangen, endlich Energie in das zu stecken, was wirklich wichtig für unser Glück ist. Wir sind nämlich nie zu alt dafür, nach dem Leben zu streben, das wir verdient haben.

Das Geschirr kann warten.
Das Leben wartet nicht.

8. Kapitel

ILLUSION NR. 8: »GEMEINSAM ALT WERDEN IST EIN KINDERSPIEL«

Mein Onkel Gernot, ein Mann, der eigentlich nicht dafür bekannt ist, mit Weisheiten um sich zu werfen, sagte einmal etwas zu mir, das ich nie vergessen werde. Nein, ich meine nicht die Szene nach dem Fünf-Kilo-Gewichtsverlust durchs Heilfasten, wo er spontan »Das wurde aber auch Zeit!« ausrief. Nein, ich meine die Sache, die er eines Tages zu mir sagte, als wir auf geblümten Polstern auf seinen Gartenstühlen saßen und gemeinsam auf seine Frau Renate blickten, die wie wild geworden mit einem Rechen den Rasen von heruntergefallenen Blüten befreite. Mein Onkel jedenfalls seufzte und sagte:

»Man sollte sich bei einem Partner die Dinge ansehen, die einen von Anfang an nerven. Denn das sind die Dinge, die diese Person im Alter ausmachen werden.«

Er führte das nicht weiter aus, aber ich dachte mir auch so meinen Teil, während Tante Renate sich hinkniete und begann, mit schriller Stimme auf die Blüten einzureden.

Ja, mit dem gemeinsam alt werden ist das so eine Sache. Manchmal sehe ich Paare durch die Straße spazieren, beide jenseits der 80. Keiner von beiden kann mehr richtig gut laufen, hören oder sehen – aber sie halten sich an den Händen. Ihr Anblick rührt mich, aber ich bin auch fest davon überzeugt, dass der Weg bis dahin mitunter hart war. Um mit 85 händchenhaltend durch die Gegend laufen zu können, mussten die zwei unzählige Kompromisse eingehen und großzügig mit den Schwächen des anderen sein. Ich bin sicher, er hat sie häufig im Stillen verflucht, sie ihn lautstark. So manches Mal wird sie ihm gesagt haben, dass er seine Sachen nehmen und abhauen kann, wenn er sich nicht selbst um seine Zierfische kümmert oder endlich zur Prostata-Vorsorgeuntersuchung geht. Er wird sich innerlich geschworen haben, dass, wenn sie noch einmal, NOCH EINMAL, sagt, dass man mal den

Teppich im Flur erneuern müsse, er sie leider umbringen müsse. Er wird dann glücklicherweise doch einfach den Fernseher lauter gestellt und die Reste seines Zahnprofils glattgeknirscht haben. Sie hat sich unterdessen in jede Backe ein Mon Cheri gesteckt, dreimal mit der Faust auf die Küchenplatte gehauen – und dann die Dauerwurst, die er so gerne mag, auf einem Blümchenteller mit Silbergabel fürs Abendbrot angerichtet. Und während des Essens hat er irgendwann gefragt: »Was machen die Beine heute?« Und dann war es auch schon wieder gut.

Nicht alle bekommen es hin, irgendwann als altes Bullerbü-Pärchen die anderen Anwohner zu Tränen zu rühren. Das Nadelöhr, durch das wir alle müssen, beginnt spätestens mit Anfang 40. An dessen Ende ist man entweder geschieden, frustriert oder geläutert – andere Alternativen stehen leider nicht zur Auswahl.

DIE SACHE MIT DER VERANTWORTUNG

Neulich fiel mir bei der Recherche eine Statistik in die Hände. Demnach teilen sich Paare heute zu großen Teilen den Haushalt, wenn beide arbeiten – bis zu dem Zeitpunkt, wenn sie Kinder bekommen. Dann macht die Frau einen Großteil der Hausarbeit, sogar wenn sie arbeitet. Eine andere Studie besagt, dass neun von zehn Frauen sich mitunter alleinerziehend fühlen, trotz Partner, weil sie vieles lieber schnell selbst erledigen, als sich mit ihrem Mann abzustimmen. Ein Drittel der Befragten gab sogar an, den Mann wie ein weiteres Kind zu betrachten, um das man sich kümmern müsse.

Solche Meldungen zaubern mir hässliche rote Stressflecken ins Dekolleté. Und das vor allem deswegen, weil ich weiß, wie wahr sie sind.

Als wir noch jünger waren, tönten meine Freundinnen und ich, wenn unser Liebster ein warmes Essen oder ein gebügeltes Hemd wünsche, müsse er sich schon selbst drum kümmern. Heute sehe ich die gleichen Frauen manchmal im Supermarkt, sie schleppen – je nach Anzahl pubertierender Jungs zu Hause – Einkaufswagen voller Nahrung in ihre Kombis, im Rennen rufen sie: »Ich habe gleich noch diesen Businesstermin, ich melde mich im nächsten Leben!«

Wie konnte das passieren, dass wir plötzlich nicht nur beruflich, sondern auch noch zu Hause Managerinnen wurden? Das ist es nämlich, was die meisten Frauen in meinem Umfeld bemängeln. Dass ihre Männer zwar durchaus bereit seien, eine Waschmaschine anzustellen oder mit dem Kind den Globus für die Schule zu basteln – allerdings nur, wenn man sie darum bitte. Das Entscheidende ist: SIE trägt die Verantwortung. Sie weiß immer, wann die Vorsorgetermine beim Zahnarzt anstehen, welche Geburtstagsgeschenke besorgt werden müssen und was man zum Schulbasar beitragen muss, um sich gesellschaftlich nicht ins Aus zu befördern. Und wer hat Schuld, wenn etwas auf dieser langen Liste vergessen wurde, zu der unser Alltag geworden ist?

Wir natürlich.

Neulich fuhren wir zu einem Badesee. Ich hatte Luftmatratzen eingepackt, Snacks, Getränke, Bälle, Sonnencreme, Mückenspray, Pflaster und ein großes Sortiment an Handtüchern. Als wir gerade auf den Autobahnzubringer fuhren, fragte mein Mann: »Hast du meine Badehose eingepackt?« Eine simple Frage, aber ich begann sofort zu brüllen. »Warum muss immer ich alles einpacken? Kannst du nicht mal deine eigene...?« Und so weiter. So ist das oft bei uns.

»Butter fehlt.«

»Und?«
»Hast du nicht aufgeschrieben!«
Oder:
»Morgen hat Tina Geburtstag.«
»Mmm.«
»Was schenken wir ihr?«

Ich habe Glück, mein Mann ist kein Messie. Aber auch er erzeugt im Kleinen Chaos, das ich tagtäglich beseitige, ohne dass jemals jemand Notiz davon nimmt. Die Mützen, die einfach in den Flur gepfeffert werden. Die leeren Duschgeltuben im Bad, die Boxershorts über der Türklinke. Die gebastelten Kunstwerke, die mein Sohn täglich auf die Anrichte legt – die entsorgen sich nicht heimlich von alleine. Was sagt ihr, ich solle meine Ansprüche runterschrauben und lernen, das Chaos zuzulassen? Glaubt mir, das tue ich mehr als ich es jemals für möglich gehalten habe. Aber einen Rest Menschenwürde muss ich mir erhalten, ich kann nicht in Bettzeug schlafen, auf dem mehrere Zehnjährige in Sportsocken Hüpfburg gespielt haben.

Nicht nur für den Haushalt sind wir Frauen zuständig, auch für die sozialen Kontakte. Wir sorgen dafür, dass man die Freunde, die in den Speckgürtel gezogen sind, nicht aus den Augen verliert, dass man sich für die Essenseinladung revanchiert und die Nachbarin zur Beförderung Blumen bekommt. Männer scheinen diese Kontakte weniger zu brauchen als wir. Ab und an ein kurzes Gespräch vor dem *Tatort*, hier und da ein stilles Bier mit dem Kumpel, und ihr Bedürfnis nach menschlicher Nähe ist gestillt. Trotzdem sind sie natürlich ganz froh, dass wir mal wieder die Meiers zum Grillen eingeladen haben.

Ich habe eine klare Theorie dazu, warum wir alles managen und die Jungs den Zustand dankend annehmen. Unsere Generation

wurde dazu erzogen, selbstständig zu sein. Auf keinen Fall wollten wir irgendwann in den Urlaub fahren, den Papa bucht, oder das Auto fahren, das Papa gekauft hat, wie unsere Mütter das mitunter noch taten. Also nehmen wir das selbst in die Hand. Und weil wir alte Overachiever nichts nur so halb machen können, machen wir es so richtig. Stundenlange Online-Recherche, mit Rückversicherung über Portale, auf denen Hotels bewertet werden, ein Anruf beim Reisebüro kann nicht schaden, vielleicht geht noch was beim Preis...
So handhaben wir alles.
Von der Kindererziehung bis zur Inneneinrichtung. Optimierungsalarm weit und breit. Und unsere Partner, die zur ersten Männer-Generation gehören, die überhaupt dazu imstande sind, über Gefühle zu sprechen, die fügen sich. Wie sie es gelernt haben: Frauen haben auch Rechte. Wie praktisch das ist. Und wie unsexy mitunter, findet ihr nicht? Dabei sind wir doch selbst schuld. Wir wollen einen, der uns machen lässt und uns nicht fragt, woher die hohen Posten auf der Kreditkartenrechnung kommen. Der uns unsere Freiheiten gibt und nur »Mmmh« macht, wenn wir ankündigen, ein Wochenende mit den Mädels nach Barcelona zu fliegen. Und gleichzeitig hätten wir ihn gern als starken Mann, der uns zeigt, wo es langgeht – aber bitte nur, wenn die Schlafzimmertür zu ist. Manchmal tun unsere Männer mir leid bei all den widersprüchlichen Anforderungen, mit denen wir sie konfrontieren.
Aber nur manchmal.
Es sei denn, sie haben einen Schnupfen, dann tun sie mir nie leid. Dann nehme ich mir jedes Mal vor, mich dafür zu rächen, dass er mir nicht EINEN Tee gebracht hat und mich fragte, was es heute zum Abendessen gäbe, als ich 40 Grad Fieber hatte. Und dann sitze ich doch wieder neben seinem Bett, reiche iPad, Zwie-

back und Heißgetränke und streichle seine Stirn. Ich gebe seiner Mutter die Schuld, die hat nie vermittelt, dass man sich um Frauen groß kümmern müsse. Und ich habe nahtlos da weitergemacht. Jetzt muss ich da durch, je ein Mon Cheri in jede Backe und dran denken: Händchenhalten mit 85 gibt es nicht umsonst.

DIE SACHE MIT DEM HOBBY

Die meisten Männer über 40 haben ein Hobby. Und die meisten von ihnen nehmen dieses nicht besonders locker. Ich denke, man darf behaupten, dass für viele in diesen hormonell nicht ganz einfachen Jahren das Hobby an eine Position auf der Prioritätenliste rutscht, die nicht besonders schmeichelhaft für den Rest der Familie ist. Manche radeln, manche biken, viele trainieren für einen Marathon, was so klischeehaft ist, dass ich jedes Mal ein lautes Stöhnen unterdrücken muss, wenn der nächste verkündet, er habe sich jetzt angemeldet. Natürlich braucht er dafür qualitativ hochwertige Ausrüstung, Funktionskleidung, Schrittmesser, Pulsuhr, was weiß ich denn – jedenfalls sitzt das Geld plötzlich locker, wenn es um sein Hobby geht. Nur, weil kein Geld für eine neue Schrankwand da ist, heißt das noch lange nicht, dass das Motorrad darunter leiden muss.

Marens Mann angelt, was sehr zeitintensiv ist und durchaus mit Frust verbunden – aber immerhin bringt Frank manchmal ein paar kleinere Fische mit (»Riesig sind die, toll!«), die verspeist werden können. Die lebenden Maden im Kühlschrank? Seit Frank die Töpfchen beschriftet und Maren sie nicht mehr mit den Joghurts verwechseln kann, lebt sie ganz gut damit. Nadines Mann spielt jetzt in einer Band. Sie hat das ihren Freundinnen lange aus Scham verschwiegen, bis Ulf neulich auf Facebook ein Foto von sich am Bass postete, mit schon länger nicht geschnittenen Haaren. Wir haben direkt einen Abend beim Italiener einberufen, in solchen Momenten muss man füreinander da sein.

Bei meinem Mann sind es gleich zwei Leidenschaften, die mit zunehmendem Alter einen Großteil seiner Energie beanspruchen. Die erste ist seine Kaffeemaschine. Ja, ihr habt richtig verstanden, eine Kaffeemaschine. Andere Männer sparen, wenn sie ein gewisses Alter erreichen, auf einen fetten Geländewagen für den Großstadtdschungel – mein Mann gab tausende von Euros für ein Siebträgermodell aus. Es ist wie mit Hunden – wer nie einen hatte, kann nicht nachvollziehen, dass sie ein eigenständiges Familienmitglied sind. Diese Kaffeemaschine jedenfalls spielt eine große Rolle in unserer. Ich behaupte steif und fest, dass sie häufiger gestreichelt und bestaunt wird als ich. Mein Mann wienert sie mehrfach in der Woche, was Zeit beansprucht. Zeit, die er ganz sicher nicht dafür hat, mir beim Schleppen der Wasserkästen zu helfen oder sich mit seinem Sohn über die Mathehausaufgaben zu beugen. Ich profitiere ja auch davon, das bestreite ich nicht. Nirgends schmeckt der Cappuccino besser als zu Hause. Kein Wunder, die Bohnen, die mein Mann aus der ganzen Welt bestellt, kosten schon ohne Porto oft mehr als ihr Gewicht in Edelmetall aufgewogen. Wäre ja noch schöner, wenn die dann nicht schmecken würden. Sogar mein Sohn schleicht ehrfürchtig um die Maschine. Ich schätze, wir steuern da direkt auf eine frühe Koffeinsucht zu, schließlich macht der Junge auch sonst alles nach, was sein Vater tut.

Wenn mein Mann nicht da ist, darf ich glücklicherweise mittlerweile auch allein einen Kaffee zubereiten. Tagelang wurde ich geschult, was mitunter düstere Erinnerungen ans Lateinvokabeln lernen mit meinem Vater in mir weckte. Bevor mein Mann neulich auf Dienstreise ging, sah ich, dass er an der Kaffeemühle herumhantierte. Und wisst ihr, was er da trieb? Er nahm die teuren Bohnen raus und füllte günstigere aus dem Supermarkt rein. Auf meinen fassungslosen Gesichtsausdruck hin entgegnete er: »Du sagst doch, du schmeckst den Unterschied nicht so.«

Die Maschine ist tausendmal besser als eine Geliebte, sage ich mir immer, auch wenn ich zugegebenermaßen mitunter eifersüchtig auf die Aufmerksamkeit bin, die mein Mann ihr schenkt.

Nur einer bekommt noch mehr von ihm: sein zweites Hobby, das meines Erachtens nach in die Kategorie »Midlife-Crisis-Aktivitäten« fällt. Mein Mann surft. Nicht mit einem Segel, nicht nur ab und an im Campingurlaub am Dümmer See, nein, er macht Wellenreiten. Das ganze Jahr über. Es kommt vor, dass mein Mann an einem besonders stürmischen Wintertag in der Früh auf sein Mobiltelefon guckt und aufschreit. Ich weiß mittlerweile, dass dann Unheil droht.

»Ich nehme mir frei«, sagt er dann und er tut das nicht, um mit mir den Gutschein für die Saunalandschaft einzulösen.

Wie angestochen rennt er in den Keller, packt Tonnen an Ausrüstung ein, schmiert Brote und füllt Tee in eine Thermoskanne. Und dann fährt er an die Ostsee. Wo er bei Wassertemperaturen von unter fünf Grad Surfen geht. In fingerdicker Neoprenausrüstung, auch an Kopf, Händen und Füßen. Wenn er nach Hause kommt, ist er sehr glücklich, aber muss sich hinlegen, denn er kann sich kaum noch bewegen vor Muskelkater. Tagelang stöhnt er: »Ich bin immer noch platt.«

Ich sage mir immer: Wenn es ihm gut damit geht, ist alles okay. Ich kann mit all dem sehr viel besser leben als mit einem Motorrad, Porsche oder SMS einer 23-jährigen Praktikantin auf seinem Handy, die fragt, wann ich wieder auf Lesereise bin.

DIE SACHE MIT DEM MARKTWERT

Neulich richtete eine Nachbarin in unserem Haus eine Whats-App-Gruppe ein mit dem Namen »Ladys-Karneval«. Es wurde darin darüber verhandelt, ob wir alle gemeinsam zu einer bestimmten Faschingsveranstaltung gehen, der mutmaßlich einzigen in Hamburg, dieser narrenfreien Zone. Obwohl ich mitten im Karnevalsgebiet sozialisiert wurde, zögerte ich, denn einige meiner Nachbarinnen machen mir ehrlich gesagt Angst. Das sind Frauen mit 60-Stunden-Wochen, polierten Cabrios, musikalischen Kindern und Männern, die offensichtlich freiwillig den Müll runterbringen. Manche kümmern sich nebenbei noch um Deutschunterricht für Flüchtlinge, drei Meerschweinchen und ein Au-Pair aus Weißrussland, dessen einziges deutsches Wort bislang »Scheiße« lautet.

Jedenfalls entschied ich, meine Angst zu überwinden und mitzugehen. Ich besorgte mir ein Waschbär-Kostüm, das ich zufällig in einem Laden entdeckte, und das mir harmlos genug erschien, um mich mit 14 Frauen mit stahlhart trainierten Bäuchen (fragt mich nicht, wann sie noch Zeit haben, sich um die zu kümmern) in die Nacht zu wagen.

Als wir uns jedenfalls vor dem Gebäude trafen, um gemeinsam in Großraumtaxen zu steigen, war ich kurz versucht, doch noch zu kneifen. Vor mir standen eine sexy Krankenschwester, ein Playboy-Bunny, eine Stewardess und zwei Teufelchen mit glitzernden Schwänzchen. Ich war dankbar, dass niemand mein Kostüm kommentierte, allerdings wurde mir bei den strengen Blicken der Oberstudienrätin aus der 1B heiß und kalt. Ausgerechnet die, von der hätte ich ein Clownskostüm erwartet, maximal einen Indianer. Aber mein Mann hatte mich vorab gewarnt: »Wetten, dass die Lehrerin die Schlimmste von allen ist?!«

So genau kann man das im Nachhinein nicht sagen. Was man sicher sagen kann, ist: Sie waren alle ziemlich schlimm. Frauen, die unser Gebäude zu Zeiten verlassen, in denen ich meinen Sohn noch bitte, endlich die Socken anzuziehen, und die aus dem Büro kommen, wenn ich die zweite Folge *Homeland* starte, tranken Sangria aus Eimern. Sie tanzten auf Tischen. Sie tanzten überall. Und zwar keinen Disco Fox. Die Investmentbankerin von obendrüber raunte mir zu, der Poledance-Kurs habe sich wohl ausgezahlt. Ich war mir zu diesem Zeitpunkt nicht mehr sicher, ob sie scherzte. Ich vermute nein.

Jedenfalls flirteten meine Nachbarinnen, alle mindestens zum ersten Mal verheiratet, was das Zeug hält. Sie klimperten mit ihren falschen Wimpern, schmiegten sich an wildfremde Cowboys, die ihre Söhne hätten sein können. Ich versteckte mich in meinem Waschbär-Kostüm derweil hinter einer Säule und betrank mich mit süßen Cocktails. Dieser Abend, soviel war schon mal sicher, entpuppte sich als Geschenk für eine Autorin. Irgendwann stieß mich die vierfache Mutter und Pilates-Studio-Besitzerin aus dem Erdgeschoss in die Seite, die sexy Krankenschwester. Angesichts ihrer Oberarme fragte ich mich, ob sie jemals in ihrem Leben Kohlenhydrate gegessen hatte.

»Tanzt du nicht mit?«, fragte sie mich, die Zunge schon schwer.

»Ich tanze doch«, sagte ich und wackelte zaghaft mit meinem Fellpo.

»Sag mal, das ganze Geflirte...« setzte ich an. »Geht da noch was heute Abend?«

Schwester Stahlarm zwinkerte amüsiert. »Schätze nein«, sagte sie. »Nur auf Gabi (die Lehrerin, sag ich doch!) müssen wir etwas aufpassen, die hatte einen Sex on the Beach zu viel. Ansonsten geht es doch nur drum, mal wieder den Marktwert zu testen.«

Und weg war sie. Ich fühlte mich an eine Brigitte-Kolumne der großartigen Autorin Ildiko von Kürthy erinnert, in der diese schrieb, niemand sei gefährlicher als Frauen über 40, die das Gefühl hätten, schauen zu müssen, was noch geht. Sie hatte Recht, ich konnte es an meinen Nachbarinnen live beobachten.

Und natürlich, immer mal wieder auch an mir. Ich werfe mich dafür vielleicht nicht in Bunny-Ohren und Overknee-Stiefel. Aber ich frage mich natürlich, was noch geht. Bin ich noch attraktiv für Männer, jetzt, wo mein Unterbauch den jahrlangen Kampf gegen mich endgültig für sich entschieden hat? Wo ich morgens nach dem Aufstehen an einen Pandabären erinnere, bevor ich fingerdick Concealer benutzt habe? Wo meine Haaransätze grau sind und meine Hände aussehen wie die einer Frau, die viel putzt, obwohl das wirklich nichts ist, was man über mich sagen kann?

Ich gebe zu, es ist mir nie egal gewesen, wie ich bei Männern ankomme. Ein Teil meines Selbstbewusstseins hat sich immer daraus gespeist, zwar niemals die Schönste, Eleganteste und Schlankste zu sein – aber irgendwie ganz niedlich. Irgendeiner hat sich immer gefunden, der dachte, ich sei es wert, mir zu erzählen, wie viel Kilo er beim Bankdrücken schafft.

Dann lernte ich meinen Mann kennen, und die ersten Jahre unserer Partnerschaft waren wir so verknallt ineinander, dass ich andere Männer nicht mal wahrgenommen hätte, wenn sie als nackte Funkenmariechen vor mir salutiert hätten. Dann kam mein Sohn und ich musste feststellen, dass man mit einem Kinderwagen unsichtbar fürs andere Geschlecht wird.

Jetzt sitzt mein Sohn schon lange in keinem Kinderwagen mehr, und ich liebe meinen Mann noch immer sehr, ein Zustand, für den ich immens dankbar bin. Und trotzdem erwische ich mich bei Gedanken wie: Was wäre wenn? Wenn ich jetzt Single wäre, wenn ich es drauf anlegen würde, wenn ich wollte? Hätte ich noch Chancen? Würde sich jemand nach mir umdrehen? Würde jemand großzügig meine Nasolabialfalten übersehen und mich noch für sexy halten?

Und wen halte ich heute überhaupt für sexy? Außer meinen Mann natürlich. Wenn ich mir Stars angucke, die ich vor zehn Jahren anbetete, sehe ich heute alte Knacker. Im Ernst, wer von euch würde Johnny Depp noch mit der Kneifzange anpacken? Ich fürchte, der riecht. Andere sind schlichtweg schon tot, wie Patrick Swayze. Aktive Sportler, einst der Inbegriff von Sexappeal, wie Manuel Neuer, wecken in mir heute Mutterinstinkte. Man stellt sich direkt vor, dass der eigene Sohn bald so aussieht.

Das Konzept des Marktwertes testen jedenfalls verstehe ich. Ich glaube, für ehemals sehr schöne Frauen, die nur mit dem Finger schnippen mussten, und Calvin-Klein-Models machten sich für sie frei, muss es besonders hart sein, festzustellen, dass man nicht mal mehr bei einem Mann landen kann, der sich nur als Chippendale verkleidet hat. Vor allem, wenn der eigene einem schon lange nicht mehr die Füße massiert. Ich bin sicher, dass so Seitensprünge entstehen. Nicht, weil da dieser eine, unwiderstehliche Mann ist. Sondern weil die Frau endlich eine Art Aufmerksamkeit bekommt, nach der sie sich zu Hause vergebens sehnt. Da kommt plötzlich dieser Typ, an einem Tag, an dem ihr Kind morgens ohne Gruß das Haus verlassen hat und ihr Mann lieber die Sportschau-App studierte statt mit ihr zu reden, und sagt ihr, wie schön sie ist, wie jung sie noch aussieht, wie heiß er sie findet. Und er bemüht sich um sie und interessiert sich für sie und sorgt sich um sie – und plötzlich tut sie etwas, das ihre Ehe gefährdet. So einfach ist das.

Früher waren es immer die Männer, die ihre Frauen betrogen, ihre Familien verließen und mit der 20 Jahre jüngeren Assistentin ein neues Leben begannen, das kurze Zeit später dem glich, was sie schon gehabt hatten, nur mit einer faltenfreieren Frau mit höheren Ansprüchen. Heute sehe ich in meinem Umfeld häufiger die Frauen fremdgehen. Ich deute das als Zeichen von Emanzipation, auch wenn es natürlich schade ist, weil es im Grunde so einfach zu verhindern wäre. Würden nur die Männer zu Hause der Frau regelmäßig zeigen, dass ihr Marktwert immer noch unschlagbar ist, bräuchte sie keine Glitzerschwänze umschnallen, um es sich zu beweisen – und nichts tun, was darauf folgen könnte.

Auf jener Karnevalsparty, sagt man sich, haben am Ende zwei Nachbarinnen sich in die Hecke übergeben und eine mit einem »Polizisten« geknutscht. Ich wurde von nichts dergleichen Zeugin. Nachdem mich ein volltrunkener Darth Vader gefragt hatte, ob ich seine Mutter sei, hatte ich den Rückzug angetreten. Ich fühlte mich schlicht zu alt für so viel Aufregung.

Liebe ist, den Rest deines Lebens mit jemandem zu verbringen, den du gerne umbringen möchtest, aber es nicht tust, weil du ihn dann vermissen würdest.

9. Kapitel

ILLUSION NR. 9:
»WIR SIND NIE ZU ALT FÜR ABENTEUER«

Das mit dem Fremdgehen übrigens, das ist ja eigentlich keine so gute Idee. Für den Moment mag es so erscheinen, aber es zieht meistens jede Menge Tränen nach sich und zerbrochenes Vertrauen. Und trotzdem ist es in uns Menschen angelegt, dass wir dazu fähig sind. Dass irgendwo in uns der Wahnsinn wohnt, der, wenn jemand ihn im richtigen Moment wachkitzelt, alles Mögliche anzustellen imstande ist. Ab einem gewissen Alter ist der Wahnsinn unter so viel Alltag und Vernunft begraben, dass es schwer wird, ihn hervorzulocken. Doch Gnade, wenn es geschieht. Ein Freund von mir fragte mich mal, ob ich nie in Versuchung geraten könnte. Ich sagte, doch schon. Es müsste ein lauer Sommerabend an einem See sein. Ich müsste genau richtig viel getrunken haben. Ein sehr charmanter, interessanter Mann müsste sich um mich bemühen, genau auf die richtige, unaufdringliche, humorvolle Weise. Diese Kombination gäbe meinem Wahnsinn eventuell die Chance, herauszukommen.

Allerdings würde ich es nie so weit kommen lassen. Ich würde die Party verlassen, bevor er die Chance hätte, sich zu zeigen und womöglich meine Ehe zu gefährden. Mein Freund nickte andächtig. Dann sagte er: »Das verstehe ich. Aber ein Teil von mir würde sich wünschen, dass du bleibst und es riskierst.«

Das wiederum verstand ich. In einem Roman oder Drehbuch würde ich die Protagonistin auf jeden Fall bleiben lassen. Ich würde sie dem Risiko aussetzen, dass etwas passiert, das ihr Leben auf den Kopf stellt. In meinem wahren Leben brauche ich das wirklich nicht. Zu viel Aufregung bringt mich um meinen dringend benötigten Schlaf. Und dabei rede ich hier nicht mal von Aufregung, die durch charmante Verehrer ausgelöst wird. Sondern von jeglicher Aufregung. Ich habe gerne die Kontrolle in meinem Alltag, siehe die To-do-Listen. Bloß nichts Unvorhergesehenes, bloß nichts zu

Spontanes. Alle essen morgens Müsli und gehen zu einer bestimmten Uhrzeit ins Bett. Alle zehn Wochen zum Friseur und jeden Mai auf den gleichen Campingplatz. Sonntags Oma anrufen und jeden zweiten Freitag die Bettwäsche wechseln. Wir Menschen sind halt Gewohnheitstiere und ich beobachte, dass diese Eigenschaft sich mit zunehmendem Alter verstärkt. Manchmal sieht man ja erst an anderen, was man sich selbst angewöhnt hat. Wenn meine Nachbarin ihre Tochter rein ruft, weil Schlafenszeit ist, an einem richtig schönen Sommerabend, an dem die Kinder völlig versunken miteinander fiktives Lagerfeuer spielen, dann denke ich:

»Jetzt lass sie doch!«

»Weich doch mal von deinem festen Plan ab.«

»Was ist schon ein bisschen Müdigkeit am Morgen gegen magische Momente?«

Der letzte Satz lässt sich auf so vieles anwenden, was wir tun. Wir lassen uns von Plänen lenken, die wir doch jederzeit ändern könnten, wenn wir nur wollten, weil wir sie schließlich selbst gemacht haben. Wir sind so festgefahren geworden, wie wir es nie sein wollten. Dabei sollten wir viel öfter Dinge einfach geschehen lassen, vor allem, wenn sie schön sind.

Bis auf Seitensprünge vielleicht.

LOS, TANZ!

Diese Party, mit meinen Nachbarinnen? Unter uns – das war bisher die einzige Party für mich in diesem Jahr. Richtig ausgehen, so in Clubs oder Bars, mit hohen Hacken und dramatischem Augen-Make-up, tue ich schon lange nicht mehr. Ab und an gehen mein Mann und ich mit Freunden essen, manchmal ist man irgendwo eingeladen, aber meistens ist das einzig Exzessive an diesen Abenden die Menge an Wein und Mousse au Chocolat, die vertilgt wird. Die letzten vierzigsten Geburtstage im näheren Umfeld sind gefeiert, hier und da gibt es bereits eine zweite Hochzeit, aber die wird traditionell ja nicht mehr mit DJ und Kutsche zelebriert, sondern eher »im kleinen Kreis«. Die Möglichkeiten, so richtig die Sau rauszulassen, werden also geringer. Und selbst wenn man sie mal erhält, ist mir aufgefallen, dass es mir mit den Jahren immer schwerer fällt, sie gebührend zu nutzen. Mich mal so richtig gehen zu lassen. Zu laut sind die Stimmen in meinem Kopf, die warnen, dass morgen auch noch ein Tag ist. Einer, an dem das Kind zum Fußball gefahren werden will und ungehalten reagieren könnte, wenn seine Mutter neben die Ersatzbank kotzt. Zu dieser inneren Bremse kommt jahrelange Erfahrung mit Alkohol. Und die hat mich gelehrt: Ich vertrage ihn nicht. Ab dem Moment, wo es richtig lustig wird, ist eigentlich schon klar, dass ich dafür mit tagelangem Kranksein zahlen werde. Und da man ja bekanntlich im Alter immer schlechter mit Leiden zurechtkommt, versuche ich, diesen Zustand zu vermeiden. Und ohne Alkohol bin ich mittlerweile einfach zu vernünftig, um durchzumachen.

Was auch schade ist.

Sehr schade. Denn ich denke so gern an jene Nächte im Studium zurück, in denen meine Freundin und ich den Club erst verließen, als schon die Sonne aufging. Oder die Privatpartys, von denen man durch die Felder heimradelte, während die Vögel schon zwitscherten. Die besten Storys erzählt man sich von diesen Nächten – in denen man im Urlaub jede Vorsicht fallen ließ und mit dem süßen Animateur auf die einsam in der Bucht ankernde Yacht raus schwamm. Wo auf der Hochzeit der Barkeeper so fiese Mischungen über den Tresen reichte, dass irgendwann Leute miteinander knutschten, die in der Kombination nicht zum Fest erschienen waren. Das sind die Geschichten, von denen wir ein Leben lang zehren, über die wir auch Jahrzehnte später noch Tränen lachen. An die wir mit einer gewissen Wehmut denken, wenn bestimmte Songs im Radio laufen.

»Weißt du noch?«

»Was hatten wir einen Spaß!«

Wenn ich an solche Momente denke, werde ich immer ein bisschen traurig. Ich habe mal so gerne und so viel getanzt. Heute tanze ich höchstens noch im Sitzen im Auto oder beim Ausräumen der Spülmaschine. Wann hat das Feier-Gen sich verabschiedet und ist gegen das Netflix-Gen ausgetauscht worden? Ein entspannter Abend ist für mich heute einer auf der Couch, mit genug Süßkram und der neusten amerikanischen Serie. An ganz verwegenen Tagen trinke ich dazu ein halbes Glas Rotwein, aber nur, wenn ich am nächsten Morgen nicht arbeiten muss.

Dabei ist es doch noch immer so, dass man davon profitiert, wenn man sich aufrafft. Es muss ja nicht immer die ganz große Nummer sein.

Neulich schlug ich meinem Mann vor, etwas wirklich Verrücktes zu tun und auf dem benachbarten Schulhof abends Tischtennis zu spielen statt *Wer wird Millionär?* zu gucken. Ich glaube, für einen kurzen Augenblick dachte mein Mann, ich hätte jetzt endgültig den Verstand verloren. Dann willigte er ein, und wir hatten am Ende so viel Spaß wie lange nicht. Und das war nur Tischtennis. Was würde erst passieren, wenn wir einmal im Monat ausgingen?

Allerdings geht da schon das Problem los – wohin? Wir können doch nicht einfach in irgendeine Disko unter Leute gehen, die noch nicht einmal regelmäßig ihren Eisprung bekommen. Nicht nur würden die uns wahrscheinlich als alte Stalker dem Rausschmeißer melden, wir würden auch die Musik schlimm und zu laut finden. Also müssen wir doch darauf warten, dass die ersten 50 werden oder sich scheiden lassen. Aber wenn die Feste anstehen, müssen wir es auch geschehen lassen. Nicht an der Bar lehnen, bis man müde wird. Sondern beim ersten Kylie-Song auf die Tanzfläche und auf geht's. Der Spaß am Tanzen kommt schließlich beim Tanzen.

LOS, SPRING!

Der Mangel an Partys ist nicht das einzige Feld, in dem wir den Spaß anderen überlassen. Meine Mutter ist in meinem Alter in Schwimmbädern nicht mehr getaucht – »Vorsicht, meine Frisur« – und ich beginne zu verstehen, warum. Irgendetwas in uns verstellt sich ab einem gewissen Alter auf die Position »Spielverderber«. Der nämlich sitzt uns ständig auf der Schulter und meckert, vernünftig zu sein und bloß nicht über die Stränge zu schlagen.

»Bloß kein Nachschlag mehr, das setzt an.«
»Ich esse nie Nachtisch nach 18 Uhr.«
»Mach das Fenster zu, mein Nacken.«
»Nicht richtig küssen, ich hab mich gerade geschminkt.«
»Du, so spontan bin ich nicht, ich muss die Steuererklärung machen, geht mal ohne mich.«

Und so verpassen wir so viele Chancen zum Spaß haben. Zum Loslassen, zum Egal-wie-wir-Aussehen, zum Moment-Genießen. Wann wurden aus uns Frauen, denen eine aufgeräumte Küche wichtiger ist als ein richtig lustiger Abend?

Wir sind so voller Ängste, Bedenken und Argumente dagegen, dass wir nicht mal mehr erkennen, was wir verpassen. Wir verzichten ja ganz freiwillig, niemand zwingt uns dazu. Eine Freundin von mir tat neulich etwas sehr Verrücktes. Sie lud uns zu ihrem Geburtstag in einen Kletterwald ein. Sechs Frauen über 40. Fünf davon mit Höhenangst. Alle lamentierten vorher. Es regnete, wir mussten entwürdigende Helme tragen und wer mal musste, musste hinter den Baum. Nach der einstündigen Einweisung in die Handhabung der Sicherungsseile war die Laune auf dem Tiefpunkt. Schon bei der ersten Runde in etwa drei Metern Höhe hatten wir es mit der ersten leichteren Panikattacke zu tun. Nach zehn Minuten weinte die erste. Dann fiel eine von uns von einem Schlitten und musste an den Beinen zurück auf die Plattform gezogen werden (glücklicherweise handelte es sich um die Einzige von uns, die unter 60 Kilo wog). Und dann geschah etwas Magisches. Wir begannen, ein Team zu werden. Die Stärkeren halfen den Schwächeren. Die Ängstlichen wurden mutiger. Und wir begannen, Spaß zu haben. Wir lachten uns kaputt über das Tarzanseil, an dem wir hingen wie nasse Säcke. Wir riefen Unanständiges zu einer Gruppe junger Männer herüber, die wir für Holländer gehalten hatten, die sich aber als Junggesellenabschied aus Poppenbüttel entpuppten. Wir kicherten hysterisch darüber, wie bescheuert wir in unserer Ausrüstung aussahen und in was für einem verheerenden Zustand sich unsere Armmuskulatur befand. Als wir etwa drei Stunden später, nassgeregnet mit Helmfrisuren und Wimperntusche-Balken in eine Pizzeria kamen, waren wir wie besoffen. Ohne einen einzigen Schluck getrunken zu haben. Wir hatten unsere Angst überwunden. Niemand musste vom Kletterwaldpersonal aus Lebensgefahr gerettet werden, niemand hatte aufgegeben, niemand einen Fingernagel abgebrochen. Wir waren alle noch ganz und am Stück und WIR HATTEN DEN KLETTERWALD BEZWUNGEN! Wir fühlten uns so unbesiegbar, dass der Abend für die Nachbartische anstrengend gewesen sein muss. Es war einer dieser Tage, an denen ich dachte: So muss das Leben sich öfter anfühlen. Ich brauche mehr Abenteuer in meinem Leben.

Fortan setzte ich mir das Ziel, so oft es geht, Dinge auszuprobieren, die mich aus meiner Komfortzone holen. Ein Gericht im Restaurant bestellen, das ich nicht aussprechen kann. Mit meinem Sohn auf der Kirmes auf die Wildwasserbahn gehen. Hosen mit hohem Bund tragen (nicht alles muss man wiederholen, aber der Versuch zählt, fand ich).

Beim nächsten Spa-Besuch mit meiner Freundin schleppte ich sie in den Familienbereich. Auf die Wasserrutsche. Zunächst dachte sie, ich scherze. Doch als sie sich auf meine kleine Albernheit einließ, kreischten wir so laut, dass ich zwischendurch Angst hatte, man könne uns rausschmeißen. Zu anderer Gelegenheit überredete ich ein paar Freundinnen während eines Ausflugs an die Ostsee, bei Dunkelheit am Strand zurückzulaufen. Wir fühlten uns dabei wie früher auf Klassenfahrt bei der Nachtwanderung. Kurz davor, uns in die Hosen zu machen, vor Angst und vor Lachen zugleich.

Keine meiner kleinen Mutproben war die ganz große Nummer, und ich würde immer noch für kein Geld der Welt Fallschirmspringen. Ich versuche nur, ab und an kleine Dinge zu tun, die man normalerweise nicht macht. Nicht mehr. Und habe festgestellt: Wenn man sich traut, wenn man etwas wagt, fühlt man sich so lebendig, dass man sich danach fragt: Warum mache ich das sonst nie? Warum lasse ich Angst und Spielverderberei einen Pakt eingehen und meine Entscheidungen für mich treffen?

Ob wir zu alt sind für Abenteuer, Mädels, das entscheiden wir schließlich immer noch alleine.

Die Dinge, die man falsch gemacht hat, bereut man nicht so sehr, wie die, die man gar nicht erst versucht hat.

10. Kapitel

ILLUSION NR. 10: »ICH WERDE NIEMALS WUNDERLICH«

Dass man alt wird, merkt man unter anderem daran, dass die eigenen Eltern alt werden. Dass einem die Schwiegermutter jedes Jahr die gleichen Krokant-Ostereier schenkt und sich danach erneut notiert, dass man sie nicht mag. Dass man nach dem Besuch von Oma Päckchen verschicken muss mit Stützstrümpfen, Schrundensalbe und Brillenetui, die sie hat liegen lassen. Dass der Vater bei jedem Telefonat fragt, wo man denn dieses Jahr in den Urlaub hin fahre. Und das sind ja nur die Anfänge. Ich fürchte mich ein bisschen vor allem, was da noch kommt und es macht mir Sorgen. Wenn unsere Eltern krank oder gebrechlich werden, muss meine Schwester sie nehmen, sag ich immer.

Im Scherz natürlich.

Ich habe einige Freunde und Freundinnen, deren Eltern schon verstorben sind und sage immer zu meinem Mann: Lass uns die Zeit mit unseren genießen, auch wenn man sich manchmal über sie ärgert oder wundert. Für immer haben wir sie leider nicht mehr um uns. Da muss man so manchen Spruch auch mal runterschlucken und sich sagen:

»Das meinen die nicht so.«

Und falls doch, dann immerhin so:

»Sie meinen es am Ende nur gut.«

Als junger Mensch fühlt man sich mitunter als Fremder in seiner eigenen Familie. Man fragt sich, wie man in diesen Haufen hineingeraten konnte, wo man so anders ist als alle anderen. Man fantasiert von verheimlichten Adoptionen oder Verwechslungen im Krankenhaus nach der Geburt. Wie sonst wäre es zu erklären, dass man die einzig Normale unter all den komischen Gestalten ist?

Mit den Jahren dämmert uns, dass wir einer Illusion aufgesessen sind. Egal, wie sehr wir rebelliert haben. Egal, wie krampfhaft wir das Gegenteil dessen gemacht haben, was unsere Eltern sich für uns gewünscht hätten. Egal, wie weit wir von zu Hause weggezogen sind: Die Gestalten sind in uns. Und ihre schrägen Gewohnheiten und Eigenschaften, über die wir leicht überheblich die Augen gerollt haben – sie holen uns früher oder später ein.

WIE DEINE MUTTER!

Meine Cousine Steffi zum Beispiel. Immer dagegen gewesen. Alles anders gemacht als ihre zutiefst konservativen Lehrereltern. Noch heute erzählen das ausgeblichene Arschgeweih und das zugewachsene Löchlein vom Bauchnabelpiercing von Zeiten, in denen ihre Mutter sich häufig in den Schlaf geweint hat. Mittlerweile ist auch Steffi über 40, die Haare sind nicht mehr lila, sondern blond gesträhnt und sie lebt jetzt in einem Reihenhaus, nicht mehr in einer Rocker-WG mit Graffiti an den Innenwänden. Trotzdem, unkonventionell ist sie noch immer. Ihre Nägel zieren kleine Totenköpfe, ihre Brille Tigerstreifen, ihr Schlafzimmer bunte Perlenvorhänge. Bloß nicht gewöhnlich. Als Hobby betreibt Steffi Allkampf, in den Urlaub fliegt sie mit Rucksack und Shisha-Pfeife im Gepäck. Ich schätze, ihre Mutter hat noch heute des Öfteren unruhige Nächte ihretwegen.

Als ich jedoch neulich bei Steffi zu Besuch war, sah ich die Salami. Auf Tellern, ordentlich symmetrisch aufgereiht. Die Butter im Fässchen, mit Streichmesser. Das Graubrot im Weidenkörbchen. Steffis Abendbrottisch sah aus wie der ihrer Mutter. Und nicht nur der. Auch im Badezimmer: Das Klopapier vorne zu einem kleinen Dreieck gefaltet. Im Wohnzimmer: Die Kissen auf dem Sofa mit Schlag in der Mitte. Wie bei Tante Renate. Steffi hat gegen ihre

Mutter rebelliert so gut sie konnte, aber bestimmte Dinge sitzen tief. Tattoos und Nagelsticker können nicht darüber hinwegtäuschen, dass in Steffi ein großer Anteil Renate steckt. Mehrfach an jenem Tag sagte sie:
»Wir machen das so.«
Oder:
»Bei uns ist das ja so.«
Und sie meinte damit ihre Familie. Die Leute, von denen sie früher dachte, man hätte sie ihr als schlechte Beispiele an die Seite gestellt. Hätte ihr das mal einer mit 18 gesagt! Ich befürchte, sie hätte ihre Voodoo-Puppen rausgeholt.

Ich ertappe mich manchmal beim Blick in ein Schaufenster. Dann denke ich: Da kommt doch Mama! Dabei bin das nur ich, die den Kopf etwas schräg legt und energisch beim Gehen mit den Armen schlackert. Wie meine Mutter. An die Zeit, in der sie in meinem Alter war, habe ich sehr lebhafte Erinnerungen, denn da war ich ein Teenager, etwas älter als mein Sohn jetzt. Ich hätte damals gern ihre Vorhand beim Tennis besessen und ihre große Klappe. Nicht so gern übernehmen wollte ich ihre Veranlagung, jedes Stück Torte direkt auf den Hüften anzulagern. Die Vorhand kann sie mir nicht vererbt haben, da ich mit 14 aufhörte, zum Tennistraining zu gehen und wir nie erfahren werden, ob sie bei entsprechender Förderung genetisch angelegt war. Die Torten-Veranlagung – nun ja, schaut mal auf den Titel dieses Buches! Die große Klappe jedoch ist wie der Geist, den ich rief. Als Kind fand ich es äußerst lustig, wenn meine Mutter sie mal wieder nicht halten konnte und alle Anwesenden rote Ohren bekamen. Meine freche Mutter! Als ich etwas älter wurde, spürte ich die Nachteile dieser Eigenart. Denn nun war es meistens ich, die rote Ohren bekam. Zum Beispiel, weil sie dreckige Witze erzählte, wenn

Klassenkameraden zu Besuch waren. Anfang 20 datete ich einen schüchternen Physiotherapeuten. Als ich ihn meiner Mutter vorstellte, machte sie so viele Sprüche über Massage und wie gut ich es wohl mit ihm hätte, dass er in der kurzen Zeit unserer Liaison nie wieder unser Haus betreten wollte.

Jedenfalls habe ich diese Klappe geerbt. Es gibt diese Momente, in denen man einfach den Mund halten sollte. Und in denen es mir partout nicht gelingt. Das kann lustig sein, es kann andere Menschen aber auch verärgern, und manchmal ist das genau mein Ziel, auch wenn ich es mir ungern eingestehe. Wie es auch bei meiner Mutter war und ist. Wenn ich mich mal wieder dabei beobachte, wie ich jemandem etwas mitgebe, worüber derjenige noch etwas nachdenken wird, haue ich mir innerlich auf die Finger. Mist, geerbt.

Beim Schreiben ist diese mütterliche Bissigkeit zumindest die Würze für meine Texte, tröste ich manchmal mein schlechtes Gewissen.

Mit einer weiteren Eigenschaft meiner Mutter, die mich als Kind nervte, nerve ich heute meines: Ungeduld. Meine Mutter und ich machen alles sehr schnell. Wir können sehr schnell Ordnung schaffen, duschen, Zähne putzen, Schuhe anziehen, Jacken überwerfen, aufbruchsbereit sein, loswollen. Und wir erwarten von allen um uns herum, das auch zu können. Weil das aber kaum jemand kann und will, verbringen wir sehr viel Zeit mit Herumstehen und Warten. Und weil wir das gar nicht gerne tun, nerven wir alle.

»Kommt ihr jetzt?!«
»Leute, wird das heute noch hier?!«
»So, also ICH geh jetzt!«
Ich habe lange versucht, dagegen anzukämpfen, aber irgendwie kann ich nicht langsamer.

Uneingeschränkt gern geerbt habe ich die Fähigkeit, innerhalb von Minuten Pfannkuchen oder Bratkartoffeln zaubern zu können, wenn jemand Hunger hat. Gut mit Kälte und Wärme und störrischen Männern umgehen zu können. Menschen zum Lachen zu bringen. Die Tatsache, dass sowohl meine Mutter als auch ich bei ernsthaften öffentlichen Veranstaltungen regelmäßig von kleinkindhaften Lachanfällen geschüttelt werden – nun, das ist zumindest für alle Umstehenden von einer gewissen Unterhaltsamkeit. Für Beerdigungen habe ich mittlerweile ein inneres Repertoire an traurigen Filmszenen angelegt, an das ich meditativ denke, wenn der Pfarrer einen komischen Sprachfehler hat oder der Onkel, der die Fürbitten vorliest, vergessen hat, seine Hose zuzumachen.

Bei meinen Freundinnen, von denen ich die Mütter kenne, sehe ich das wie bei mir: Sie werden ihnen ähnlicher. Wir können nichts dagegen tun, die Natur ist stärker als wir. Es bleibt uns wohl nichts anderes übrig, als zu versuchen, die kleinen Schrulligkeiten zu akzeptieren und das, was uns wirklich stört, mit liebevoller Strenge von uns zu weisen. Und uns einfach immer wieder bewusst zu machen, wo unser Verhalten herkommt. Wenn jemand sagt »Du bist wie deine Mutter« muss das ja nicht als Beleidigung gemeint sein, sondern vielleicht auch als liebevolle Warnung.

Mein Mann hatte eine sehr strenge Mutter und manchmal höre ich sie raus, wenn er mit unserem Sohn redet.

»Hände auf den Tisch beim Essen.«

»Och nö!«

»Dann werden andere Menschen aber komisch gucken, wenn du so am Tisch sitzt.«

Ich gucke meinen Mann in solchen Momenten an und grinse. An guten Tagen grinst er zurück. An schlechten runzelt er die Stirn wie sein Opa und stellt das Sprechen für die nächsten Stunden ein. Zum Glück weiß ich, dass er von seinem Vater geerbt hat, dass er nie lange böse sein kann, wenn man ihm zärtlich den Kopf krault.

NICHT OHNE MEIN KOPFKISSEN

Ein wichtiges Indiz dafür, dass man alt wird, ist die Tatsache, dass man nicht mehr ohne sein Kopfkissen verreist. Ich habe mehrere Freundinnen, die mit für andere beschämend wenig Gepäck für ein Wochenende auskommen – aber niemals das Haus verlassen ohne ihr Kissen. Wie sollen sie denn da schlafen? Sie bekommen sofort Verspannungen oder gar Migräne von handelsüblichen Hotelzimmerkissen. Sie bleiben lieber zu Hause, als sich mit einem solchen zu begnügen. Eine Bekannte von mir treibt dieses Prinzip noch auf die Spitze. Sie schläft bis heute mit ihrem 1,80-Meter-Stillkissen zwischen die Beine geklemmt. Ihre Kinder sind 16 und 18.

Andere in unserem Alter sind so abhängig von ihrem Kaffee am Morgen, dass sie sogar auf Kreuzfahrt ihre kleine Espressomaschine an Bord schmuggeln. Wer weiß, wie die Koffeinversorgung auf See ist.

Und selbst, wenn ihr von diesen Ticks verschont geblieben seid: Keine Frau über 40 verlässt das Haus ohne Lippenpflege, häufig mit Farbe, »ich sehe sonst so blass aus«, Taschentücher, tausend Zettel und Bonuskarten, von denen sie selbst nicht mehr weiß, wofür, Bonbons zweifelhafter Herkunft, Timer mit integriertem Adressbuch (von wegen geht doch alles digital, papperlapapp, da blickt doch kein Mensch mehr durch), kaputtem Knirps-Regenschirm und Keksen oder Crackern, die nur noch nach drei Tagen ohne

Nahrung als solche durchgehen würden. Wir haben schließlich genug Lebenserfahrung sammeln können, um zu wissen, wie man auf Notfälle vorbereitet ist. Und wenn einer eintritt, auf den wir nicht vorbereitet sind, wissen wir, welche Freundin garantiert Desinfektionstücher, Kopfschmerztabletten oder Mückenspray dabei hat.

»Frag Katrin, die hat das garantiert eingesteckt!«

Und dann zieht Katrin mit triumphierendem Lächeln den ausgedruckten Busfahrplan aus ihrer riesengroßen Handtasche und rettet uns alle vor dem Moment, an dem die Smartphones kein Netz haben oder wir mal wieder nicht mit der mobilen Seite zurechtkommen und Minderjährige anquatschen müssen, wie wir jetzt das Ticket hochladen sollen.

Ja, wir drucken noch alles aus. Ja, wir wissen, dass das Papierverschwendung ist und wahrscheinlich vollkommen überflüssig, weil man doch alles auf dem Handy hat. Ja, aber was ist, wenn man am Check-In steht und den Code für die Entschlüsselung vergessen hat? Oder die elektronische Boardkarte auf dem Handy einfach nicht mehr findet? Ihr lacht, das ist mir schon passiert! Sie war weg, wirklich! Auch wenn mein Mann dies natürlich mit mitleidigem Lachen bestritt und sie mit einem einzigen Klick wieder her zauberte.

Ich drucke seitdem jedenfalls lieber aus. Stadtpläne, Hotelreservierungen, Geburtstagseinladungen, Online-Bestellungen. Ich habe schon genug hormonell bedingte Schweißausbrüche, ich brauche wirklich keine selbst erzeugten in irgendwelchen Warteschlangen, in denen Menschen hinter mir rufen: »Jetzt zeig endlich dein blödes Ticket«, während ich panisch auf meinem Smartphone rumwische, das immer nur irgendwelche Spiele öffnet, von denen ich keine Ahnung hatte, sie zu besitzen und die komische, sehr laute Piepgeräusche von sich geben.

Wir sind halt keine »Digital Natives«, denen von Geburt an das Wischen und Klicken so leicht fällt wie Daumenlutschen. Wir rufen noch lieber irgendwo an, um zu reservieren. Ja, ich besitze die Gelben Seiten noch auf Papier, gebunden, haptisch. Wie oft mein Sohn deswegen mit den Augen rollt, ist nicht mehr statistisch festzuhalten – so oft geschieht das. Überhaupt reißt er mir ständig mein Handy aus der Hand.

»Gib mal her, Mama!«

Und kauft innerhalb von Sekunden die Kinokarten, derentwegen ich seit 40 Minuten in einer Warteschleife »Mambo No. 5« höre.

Es ist für ihn völlig unverständlich, warum ich Ordner besitze, in denen ich meine Kontoauszüge abhefte. »Das ist doch alles auf deinem Computer«, sagt er zu mir, mehrmals am Tag. Dass ich einen Job besitze, an dem ich quasi die ganze Zeit vor selbigem sitze, ist für ihn geradezu grotesk. Denn dann müsste ich doch auch damit umgehen können. Ich habe jedenfalls aufgehört, für den Kabelanschluss, das WLAN oder ebendiesen Rechner den Kundendienst zu rufen. Ich frage einfach meinen Sohn. Meistens murmelt der dann Unverständliches.

»Kein Wunder, dass das nicht geht, du hast den BlaBlaBla-Dingensbumens-Code nicht eingegeben!«

Großes Augenrollen.

Drei Klicks.

Alles wieder gut.

Ich werde ihm für all das Geld, das wir für die Anfahrt von Elektrikern gespart haben, die den »On«-Knopf drücken und seufzend wieder fahren, in nicht allzu ferner Zukunft ein neues BMX-Rad kaufen. Aber das verrate ich noch nicht, ist mein Druckmittel, falls er mal keinen Bock haben sollte, seiner ahnungslosen Mutter aus der Patsche zu helfen.

HUCH, MENSCHEN!

Ich glaube, was mich am allerwunderlichsten hat werden lassen ist die Tatsache, dass ich seit über zehn Jahren von zu Hause aus arbeite. Ich habe schon sehr lange keine Kollegen mehr als Regulativ. Mir flüstert keiner vor der Konferenz ins Ohr, dass die Sache mit den hennafarbenen Strähnen keine gute Idee war oder ich wirklich keine Mum-Jeans tragen sollte, weil die nur cool aussehen, wenn man KEINE Mum IST.

Manchmal ist der einzige Mensch, den ich zwischen acht und 16 Uhr sehe, der DHL-Mann. Und der ist Kummer gewöhnt. Er hat noch nicht EINMAL komisch geguckt, wenn ich wieder dieses unsägliche Nachthemd trug, das man außerhalb seines Schlafzimmers eigentlich in meinem Alter nicht mehr ohne BH drunter tragen sollte. Oder wenn ich mal wieder Zahnpasta in den Mundwinkeln habe, wie ich Stunden später zufällig im Spiegel sehe, als mir einfällt, dass ich mich vielleicht doch mal kämmen sollte. Er sagt immer nur sehr freundlich »Hallo!« und »Schönen Tag noch!«, so als sei ich eine ganz normale Kundin und keine merkwürdige mittelalte Frau in einem vergilbten Bademantel.

Natürlich ist es schön, morgens keine Hetze zu haben und zu keiner bestimmten Zeit irgendwo sein zu müssen, nachdem man ein Schulkind gefüttert und aus dem Haus getrieben hat. Aber es ist auch nicht das Dümmste, wenn es Leute gibt, für die man sich anziehen und waschen muss. In eine U-Bahn würde ich jedenfalls nicht in dem Zustand steigen, in dem ich am Schreibtisch sitze. Ich dusche oft erst nach dem Mittagessen. Morgens mache ich mich lieber direkt im Schlafi an den Text. 130 YouTube-Videos später ist schon Zeit für Nudeln mit Pesto aus dem Glas – vorm Fernseher, wo sonst?!

Einzige wichtige Regel: Bevor mein Sohn von der Schule kommt, muss ich aussehen wie ein normaler Mensch. Der arme Junge soll doch nicht darunter leiden, dass seine Mutter in seiner Abwesenheit lebt wie Udo Lindenberg im Hotel Atlantic, nur ohne den Ausblick. Ich fürchte mich jedenfalls sehr davor, dass jemand einfach mal spontan vor der Tür stehen könnte, etwa einer der anderen Elternvertreter der Schule mit irgendwelchen Flyern, die ich verteilen soll. Ich bin sicher, dass man sich beim nächsten Elternabend zuraunen würde, dass ich trinke. Also kein Wasser.

Ich sollte mich wirklich öfter eher anziehen. Aber dann bleibe ich leider häufig im Bad hängen und probiere neue Frisuren aus, statt möglichst schnell fertig zu werden und etwas zu schaffen.

Eine Kollegin von mir, die auch von zu Hause arbeitet, berichtete neulich, sie habe sich gegen das Merkwürdig-Werden eine Katze angeschafft. Ich habe ihr nicht gesagt, dass das in etwa so wäre, als ob man sich gegen das Dicksein Oreo-Torte backt.

Je größer der Dachschaden,
desto besser der Blick auf die Sterne

11. Kapitel

ILLUSION NR. 11: »MODE KENNT KEIN VERFALLSDATUM«

Ich war nie eine von denen, die Trends schnell aufgreifen. Ich brauche Jahre, um zu kapieren, dass weiße Turnschuhe gerade cool sind. Manchmal kaufe ich mir nach reiflicher Überlegung etwas und stelle fest, dass es in Modemagazinen soeben in der Spalte »Das geht« gelandet ist. Bei den Teilen in »Was kommt« denke ich oft:
»Niemals! Das sitze ich aus.«
Und wenn ich mich dann doch dran gewöhnt habe und es selbst kaufe... ihr seht schon!
Jedenfalls bin ich nicht sehr stilsicher. Ich probiere so rum und manchmal lande ich Glückstreffer. Die trage ich dann so lange, bis sie Löcher bekommen. Ansonsten fällt meine Kleidung in die Kategorie: Ist praktisch und hält warm.
In der Branche, in der ich arbeite, bin ich damit eine echte Exotin. Da hat man es meistens mit Kolleginnen zu tun, die überdurchschnittlich stylish sind. Die kombinieren Muster miteinander, über die ich im Katalog schallend lachen würde. Und sehen damit aus wie aus einem Modeblog gesprungen. Alles an diesen Frauen stimmt – die Farben, die Schnitte, die Nägel, die Frisur, die Accessoires, die Attitüde. Da gibt es keine Ausreißer, keine Tage, an denen man denkt:
»Heute hat sie daneben gegriffen.«
Oder:
»Ha, sie ist doch nur ein Mensch!«
Nein, sie sind immer perfekt. Wie machen die das nur? Ich studiere diese Spezies mit großem Interesse. Und versuche seit Jahren, sie zu kopieren. Kaufe ihnen Jacken nach. Flechte ihre Zöpfe, kombiniere Kleider wie sie. Aber bei mir sieht es nicht so aus wie bei ihnen. Nicht annähernd! Das ist wie mit einem Ausriss zum Friseur gehen und danach feststellen: Man wollte gar nicht die

Frisur. Man wollte einfach gern so aussehen wie die schöne Frau auf dem Bild. Ich wünschte, es gäbe Friseure, die so ehrlich wären, einem das vorher zu sagen. Meistens ziehe ich mich jedenfalls nach meinen Kopierversuchen sofort wieder um und werfe ein Sweatshirt über, weil ich mich verkleidet fühle und befürchte, meinen Sohn zu blamieren. Also, noch mehr als sonst.

Ich falle weniger unter ihnen auf, wenn ich ich bin, als wenn ich versuche, sie zu sein. Versteht ihr?

Zu meinem ohnehin nicht vorhandenen Styling-Talent kam jedenfalls das Alter. Jugend verzeiht schlechte Schnitte oder unvorteilhafte Farben. Alter betont sie. Es reicht also nicht, dass ich ohnehin nicht alles tragen kann – meine Auswahl wird auch noch mit jedem Jahr geringer und das Ergebnis gnadenloser.

Was mich immer wieder verzweifeln lässt, ist das Gefühl, dass Mode grundsätzlich nicht für uns über 40-Jährige gemacht wird. Ich rede jetzt nicht von Läden, die eigens für uns eröffnen, denn in deren biederen Entwürfen sehen wir 15 Jahre älter als ohnehin schon aus. Ich suche eher nach Sachen, die schmeichelhaft geschnitten sind, erwachsen und gleichzeitig modern. In denen man von hinten noch für Mitte 30 durchgehen würde. Wenn ich in die Shops gehe, in die ich seit Jahrzehnten gehe, bin ich mit jedem Mal ratloser.

Warum zum Beispiel schneidern die die Pullis so kurz?

»Weil der Jeansbund jetzt höher getragen wird«, informiert mich die Verkäuferin, noch keine 20 und selbstverständlich mit einstelligem Körperfettanteil.

Die Jeans mit dem hohen Bund jedoch, nun... Die kann man nur tragen, wenn man niemals Schokolade isst. Sie machen nämlich aus jedem noch so kleinen Bäuchlein eine Wampe – ganz zu schweigen davon, was sie mit einer ohnehin vorhandenen Wampe machen. Jedenfalls finde ich in meinen üblichen Läden kaum mehr Pullis. Entweder sie sind bauchfrei oder riesengroß. Mit endlosen Ärmeln und von vornherein ausgeleierten Bündchen, so dass sogar ich in ihnen verloren wirke, was eine echte Leistung ist. Immer mal wieder finde ich das charmant und greife zu so einem Teil. Wie »Winona-Ryder-in-den-Neunzigern«! Zu Hause erkenne ich meinen Fehler. Die Ärmel lassen sich nicht krempeln, ständig hängen sie über den Händen und rutschen ins Spülwasser. Das Bündchen wird immer weiter, ebenso die Maschen. Und irgendwann sehe ich mich zufällig in einem Spiegel und denke, ich habe eine Erscheinung. Vor mir steht der Waldschrat in seinem Gewand. Ganz ehrlich: Dieser Boyfriendlook sieht leider nur bei ganz jungen Frauen in XXS gut aus. Bei uns älteren, uncooleren, dickeren wirkt er einfach nur grotesk.

Und so geht das weiter: Die langen Hosen sind zu lang. Viel zu lang. Wer bitte hat so lange Beine? Nicht mal kürzen könnte man sie, denn dann wäre der komplette Schnitt hin.

Und die kurzen Hosen? Ha! In den kurzen Hosen, die man heute so kaufen kann, stellt jede Frau über 40, die sich nicht seit Jahrzehnten rein basisch ernährt und drei Stunden Sport am Tag treibt, ein öffentliches Ärgernis dar. Das Gleiche gilt für die meisten Kleider und Röcke. Ich klinge wie meine eigene Großmutter, aber: Müssen die SO kurz sein, dass man sieht, ob jemand gründlich die Bikinizone rasiert?

Ich weiß, ich weiß, ich lamentiere wie eine alte Frau. Aber genau so fühle ich mich, wenn ich durch die üblichen Ketten streife und bei jedem Teil, bei dem mir Farbe und Stoff gefallen, feststellen muss, dass ich dafür nicht mehr geeignet bin. Diese Tops, die man nur ohne BH tragen kann? Ich weiß gar nicht, was ich dazu sagen soll. Es scheint, als gäbe es für die Durchschnittsfrau ab einem gewissen Alter nur zwei Alternativen: Langweilig aussehen oder lächerlich.

In meiner Branche arbeiten natürlich jede Menge Glückliche, denen der Spagat mit leichter Hand gelingt. Weil sie es geschafft haben, ihre Jugendfigur zu halten, die ich nicht mal in dem Alter hatte (siehe Kapitel 2). Und weil sie eben jenes Style-Gen besitzen und Stücke kombinieren, zu denen ich nie gegriffen hätte und die an ihnen umwerfend aussehen.

Wir anderen müssen uns damit trösten, dass wir bei Taschen und Schuhen immer noch verrückt sein dürfen. Für neonfarbene Sneakers und crazy gemusterte Weekender ist man doch nie zu alt, habe ich einfach mal beschlossen.

WENIGER IST MEHR

Dabei fällt mir noch ein: Mode ist die eine Sache, die mit Stil zu tun hat. Aber da gibt es noch mehr: Make-up, Nägel und Haare etwa. Und all das wird, ihr ahnt es schon, im Alter ebenfalls nicht einfacher. Denn was in Modedingen gilt, gilt in Sachen Styling umso mehr:

Jugend verzeiht Fehler. Alter betont sie.

Früher haben dicke schwarze Kajalbalken unter den Augen vielleicht noch verrucht gewirkt. Heute sehen sie nach ein paar Kneipenstunden zu viel aus.

Unnatürlich gefärbte Haare? Als junge Frau: crazy. Als ältere: echt unvorteilhaft. Manche neigen bei den ersten grauen Haaren dazu, zu extrem dunklen Tönen zu greifen und tragen fortan einen komischen Helm auf dem Kopf.

Frisuren bleiben für Frauen ja ohnehin ein Lebensthema. Ich für meinen Teil habe einmal ernsthaft überlegt, nicht umzuziehen, weil ich in einer Stadt den Friseur gefunden hatte, der mein Haar verstand. Wenn ich Bilder aus dieser Zeit sehe, zweifle ich wie so oft an meinem Urteilsvermögen und bin heilfroh, damals Stadt und Salon gewechselt zu haben. Aktuell frage ich mich, wann der Zeitpunkt gekommen ist, dass ich meine Haare etwas kürzer schneiden sollte. Auf keinen Fall will ich ihn verpassen und in die Phase kommen, in denen überschulterlang unwiderruflich eher nach »Ich füttere hier jeden Tag die Tauben im Park« als nach Wella-Werbung aussieht.

Trotzdem, es scheint schwer zu sein, manche Gewohnheiten abzulegen. Wer immer schon knallblauen Lidschatten benutzte, hört nicht einfach so von heute auf morgen auf, nur, weil er älter wird. Wer sich immer schon die Augenbrauen superschmal wie Pamela Anderson zupfte, wird sich nicht einfach umgewöhnen und wachsen lassen, obwohl das deutlich natürlicher und somit jünger aussehen würde.

Überhaupt gilt im Alter folgende Grundregel:

Weniger ist mehr.

Lieber weniger Make-up, denn das läuft nur in die Falten und betont sie damit.

Lieber weniger Haarspray, denn alles, was sich nicht im Wind bewegt, erinnert an den späten Toni Marshall.

Lieber weniger auffälligen Lidschatten, weil der eine Stelle betont, an der die wenigsten von uns noch richtig straff sind – und die vielleicht besser nicht auch noch hervorgehoben werden sollte.

Lieber keine zu grellen Lippenstifte, weil die unsere Zähne betonen, an denen bei den Allerwenigsten der Kaffee- und Rotweinkonsum von Jahrzehnten spurlos vorübergeht.

Außerdem: Manches, was früher super cool aussah, wie die Farbe Schwarz, macht irgendwann alt.

Manches, was schon an jungen Menschen zweifelhaft wirkt, wird mit jedem Jahr mehr noch zweifelhafter, wie etwa Sonnenbankbräune. Überlange Plastik-Fingernägel. Falsche Wimpern. Blaue Wimperntusche.

Bei jungen Frauen wirkt es im besten Fall niedlich, wenn Speckröllchen aus der Hüftjeans quellen. Aber auch Speck altert, wird weniger prall, weniger niedlich, weniger vorzeigbar. Die meisten von uns wirken daher besser und jünger, wenn wir nicht zu viel Haut zeigen. Und alle Röllchen und Winkearme in der richtigen Größe verpackt sind.

Vor allem die von uns, die Kinder haben, merken oft erst Jahre später, was das mit unserem Körper gemacht hat. Und ich meine nicht die Sache mit dem Trampolinspringen, obwohl das wirklich hundsgemein ist. Ich meine den Bauch, der noch so flach sein kann – so flach wie vorher wird er nicht mehr. Er ist jetzt stets gewölbt wie nach einem Grillfest und spätestens ab Mitte 40 nur bei den wenigsten geeignet für hautenge Schlauchkleider – selbst bei den ganz schlanken nicht. Was doppelt ungerecht ist, denn Frauen wie ich haben wenigstens Oberschenkel und Po, um die Aufmerksamkeit zu verteilen.

Und trotzdem gilt ja auch bei Kleidung das, was immer gelten sollte: Hauptsache, wir fühlen uns wohl darin. Denn das ist eine weitere positive Sache, die ich an meinen 40-Plus-Freundinnen beobachte: Sie kleiden sich nicht mehr für andere. Sie drehen sich nicht vorm Spiegel und überlegen, ob sie in einem Outfit wohl Pfiffe auf der Straße ernten werden oder bei dem süßen Kollegen landen könnten. Ganz eventuell denken sie darüber nach, was andere Frauen dazu sagen werden. Aber im Grunde ziehen sich so an, wie sie sich selbst gefallen. Worin sie selbst sich stark, sexy und vorzeigbar fühlen. Und mit der Haltung gehen sogar Schlauchkleider. Denn wer hat eigentlich behauptet, dass Bäuche flach sein müssen?

»Gib einer Frau die richtigen Schuhe und sie kann die Welt erobern.«
(Marylin Monroe)

12. Kapitel

ILLUSION NR. 12: »ICH BIN ZU ALT FÜR SO EIN THEATER«

Neulich rief mich meine Mutter an, die gerade 76 geworden ist. Sie klang betrübt.

»Hannelore und Gisela haben sich gegen mich verschworen.«

Ich war verwirrt. Hatten sie ihr die neusten Kuchenrezepte vorenthalten? Sie beim Golfen mit ihren Seniorenhandys geblendet, damit sie nicht schon wieder einen hässlichen Pokal für ihre Vitrine gewinnt?

Nein, es war komplizierter.

»Hannelore hat behauptet, ich lüge«, sagte meine Mutter. »Und Gisela glaubt ihr. Dabei hat sie wirklich neulich am Telefon gesagt, dass sie nicht zu meinem Geburtstag kommt, wenn Uschi eingeladen ist.«

Ich war sprachlos. Der Dialog erinnerte mich an einen, den ich mit meiner Mutter im Jahr vor meiner Einschulung im Kindergarten führte.

»Nicole sagt, ich lüge. Jetzt findet Susi mich auch doof. Die beiden lassen mich nicht mehr mitspielen. Ich lade die nicht mehr zum Geburtstag ein!«

Damals brachten solche Probleme unser kleines Herz fast zum Zerbersten. Wir dachten, es gäbe niemals eine Lösung und wir würden nie wieder getröstet werden können, wenn Nicole und Susi uns weiterhin beim Kneten die kalte Schulter zeigten.

Als wir etwas älter wurden, hofften wir: Irgendwann hört das auf. Wenn wir groß sind, werden wir uns nicht mehr den Kopf zermartern über so ein Theater, da wird uns niemand mehr den Tag versauen, weil er seine Förmchen nicht mit uns teilen will.

Aber es kommt anders. Das Theater, von dem wir dachten, es sei jenseits der 20 allerspätestens beendet – es dauert ein Leben lang.

Folgendes gilt von 3 bis 100:

»DREI SIND EINE ZU VIEL!«

Nicht nur kleine Mädchen können in ungerader Zahl niemals auf Dauer Frieden halten. Auch erwachsene Frauen nicht. Egal, ob sie 20, 40, 60 oder wie meine Mutter fast 80 sind – der Tag kommt, an dem zwei von ihnen sich ohne die dritte unterhalten. Über die dritte. Wo sie feststellen, dass sie beide etwas an ihr stört. Wie sie immer zu laut Popcorn kaut im Kino etwa. Die beiden stellen fest, dass sie sich vielleicht das kleine bisschen näher sind, weil sie das gleiche Auto fahren, zum gleichen Friseur gehen oder auch finden, dass man niemals Papierservietten reichen sollte, nicht mal zum Kindergeburtstag. Es ist, als wäre dadurch ein Bann gebrochen, auf den die zwei lange gewartet haben. Und plötzlich siehst du sie, aus der Ferne, sie sitzen im Eiscafé und unterhalten sich vertraut, sie lachen und herzen sich und du hast das Gefühl, Zeugin eines Betrugs zu werden. Viel schlimmer könnte es sich kaum anfühlen, deinen Ehemann bei Zungenküssen mit einer Kollegin zu beobachten.

Sie haben dir nicht Bescheid gesagt.

Sie haben Spaß ohne dich.

Du bist raus.

Sofort sind wir wieder vier Jahre alt. Dieses hässliche, miese Gefühl reißt an unseren Herzen und gibt uns das Gefühl, machtlos, ungeliebt und doof zu sein. Aussortiert, betrogen und verraten.

Beim nächsten Mal, wenn ihr euch trefft, fallen Sätze wie: »Ach, das hattest du neulich nicht mitbekommen...«

Es wird über Dinge gelacht, die du nicht verstehst. Es wird über Termine diskutiert, über die du nicht informiert bist. Es werden Einladungen besprochen, die du nicht erhalten hast.

Und es tut weh! Entschuldigung, aber *Scheiße* tut das weh. Egal ob mit drei oder 43, es ist quälend, es lässt uns wachliegen und in unser Kissen heulen und uns fragen, was das alles noch für einen Sinn macht.

Eure Männer sind sicher wie meiner. Sie verstehen nur Bahnhof. Sie sagen Sachen wie:

»Das bildest du dir alles nur ein.«

Oder:

»Aber die zwei waren doch nur ein Eis essen.«

Irgendwie ist das in Männern so nicht angelegt. Wenn bei denen einer zu viel ist, trollt sich der dritte je nach Alter und sucht sich einen anderen zum Fußballspielen. Oder er haut den anderen seinen Turnbeutel um die Ohren, und gut ist.

Aber wir Frauen, wir umarmen das Drama. Wir suhlen uns im Leid der Verschmähten, wir schmieden nächtelang Rachepläne und führen imaginäre Dialoge mit den Übeltätern, in denen wir ihnen wahlweise das Herz ausschütten oder mal ordentlich die Meinung geigen. Dass wir gar nicht dazu gehören wollen. Dass wir im Leben immer mal wieder auf die Fresse bekommen haben und aufgestanden sind, pah! Dass sie sich ihre schicken Blusen, ihren Perfektionszwang und ihre Bachelorette-Abende sonst wo hin schmieren können, weil man drüber stehe, man brauche sie nicht, und sie würden schon sehen, was ihnen abginge ohne unsere dreckige Lache und unser Wissen über Prosecco-Discounter und unser großes Herz und unsere Geduld.

Und dann kommt doch alles wieder anders.

Dann schicken sie eine SMS: »Bald wieder Mädelsabend? Du fehlst uns!«

Und unser Herz hüpft vor Erleichterung. Mit wehenden Haaren eilen wir zurück in die Arme unserer Freundinnen, glücklich vereint, endlich wieder geliebt – bis zum nächsten Drama. Auch die zwei tun, als wäre nie was gewesen. Ob es daran liegt, dass sie sich gezankt haben, oder wir uns wirklich alles nur eingebildet haben? Wir werden es wohl nie erfahren.

Bei Gisela, Hannelore und Mama herrscht gerade wieder Frieden. Allerdings hat meine Mutter den diesjährigen Kuchencup gewonnen. Ich ahne also, dass das nächste Unwetter direkt vor der Tür steht.

»ABER BITTE BEHALTE DAS FÜR DICH!«

Noch so eine Sache, die sich nie ändert. Man vertraut einer Frau etwas an, über das sie auf keinen Fall sprechen darf. Das sie auf jeden Fall für sich behalten muss, weil davon Existenzen abhängen.

Und, was passiert so sicher wie das Dessous-Shooting bei *Germany's Next Topmodel?*

Sie quatscht.

Innerhalb von Tagen macht das Gerücht die Runde. Und kommt, in deutlich veränderter Form, wieder bei dir an. Und während dir heißkalt wird, weil du doch gesagt hast, dass Existenzen davon abhängen, wählst du ihre Nummer:

»Wie konntest du nur?«

»Aber ich habe es nur Gabi und Angelika erzählt und die haben geschworen, es für sich zu behalten.«

Und kurz bevor du richtig schimpfen willst, merkst du: Du hast es ihr auch erzählt. Unter dem absolutem Siegel der Verschwiegenheit. Wie sie Angelika und Gabi.

Ich habe diesen schweren Fehler leider schon häufiger begangen und mich nicht an diese Regel gehalten, was unter anderem zur Folge hatte:

- dass ich einen guten Freund für immer verlor, nur, weil ich meiner besten Schulfreundin gegenüber gemutmaßt hatte, ob ein anonymer Liebesbrief vielleicht von ihm sein könnte.
- dass ich über Jahre hinweg den Ruf in der Branche genoss, nicht sorgfältig mit Quellen umzugehen, weil ich nach einem kleinen Rüffel in einem Personalgespräch an der Brust einer Kollegin weinte.
- dass ich als Verräterin galt, weil ich nur einer einzigen, aber wirklich nur einer einzigen Kollegin das Gehalt einer anderen verraten hatte, das diese mir im Vertrauen genannt hatte.
- dass niemand mir mehr vor der 20. Woche sagt, wenn er schwanger ist, weil ich mal Nachwuchs in der Nachbarschaft angedeutet habe, bevor es der Erzeuger wusste.

Ich versuche, aus meinen Fehlern zu lernen. Und behalte Wichtiges jetzt lieber für mich. Ich erzähle es nur meiner allerbesten Freundin, versprochen.

»NATÜRLICH STÖRT MICH DAS NICHT!«

Jede Frau, die man fragt, ob man ihr ein Kleid oder ein Tipi-Zelt nachkaufen darf, wird diesen Satz äußern. Ich kenne keine, die die Wahrheit sagen würde. Eine vielleicht, aber die hat keine Freunde. Alle anderen würden eiskalt lächelnd lügen: NATÜRLICH stört sie das nicht. Wer wären sie denn, jemandem zu verbieten, ihren guten Geschmack zu kopieren? Die Frucht ihrer langen Recherche auszunutzen? Ihr Herrschaftswissen nicht teilen zu wollen? Schließlich sind sie großzügig und entspannt und finden so etwas total albern: sich aufzuregen darüber, wenn jemand einem etwas nachkauft, also bitte, wir sind doch keine 16 mehr, wo man nicht mehr miteinander sprach, wenn jemand gewagt hatte, die Pop Swatch in der gleichen Farbe zu erstehen.

Mmmmmh.

Wer hat noch verstanden, dass hier Gefahr droht? Große Gefahr? Mein Mann würde sagen: »Ist doch super, bestell das Regal, Daria hat doch gesagt, es stört sie nicht.«

Ich brauche ihn nur anzusehen, damit er versteht, dass er etwas sehr, sehr Dummes gesagt hat. Er hat zwar keine Ahnung warum, aber er spürt instinktiv, dass es klüger ist, den Vorschlag zurückzuziehen und das Gegenteil zu behaupten.

Denn: Eine Frau, die vehement behauptet, dass es sie nicht stört, stört es. Sehr sogar. Es stört sie so sehr, dass sie in ihren handgebeizten Wohnzimmertisch beißt, wenn sie erfährt, dass du den Rock auch bestellt hast. In blau zwar und runtergesetzt, aber du hast ihn nachgekauft. Es stört sie so sehr, dass sie es nur noch mit Mühe und Not schafft, freundlich zu dir zu sein, wenn ihr euch auf der Straße begegnet. Und jedes Mal, wenn sie in deiner Wohnung steht, wird sie das Bild betrachten, das auch in ihrer hängt, nur in kleiner, und mit bitterböser Freundlichkeit sagen:

»Ah. Unser Bild. Sieht hier auch ganz hübsch aus.«

Wenn du diesen Code nicht kapiert hast, wird es dir ergehen wie allen, die sich nicht daran gehalten haben, die silberne Pop Swatch zu bestellen, obwohl sie von der goldenen träumten. Sie werden gehasst und geächtet und bestraft dafür, dass sie so dumm waren, einer Frau zu glauben, die vorgab, es störe sie nicht.

»GUT SIEHST DU AUS!«

Es gibt wenige Situationen, in denen es leichter ist, alles falsch zu machen, als wenn man einer Frau ein Kompliment macht. Und das gilt nicht nur für hormonell verunsicherte 17-Jährige, die hinter jeder Bemerkung versteckte Kritik wittern, sondern für alle Frauen, jeden Alters. Auch das hört nie auf.

Wenn man etwa jemandem sagt, er sehe gut aus, ist das fast schon zu viel, es sei denn, es beinhaltet den Zusatz »wie immer«. Sonst vermutet die Betroffene direkt, dass sie heute überraschend gut aussehe – während sie das sonst offensichtlich nicht tut. Ganz schlimm ist der Satz, wenn er die falsche Betonung erhält.

»GUT siehst du aus!« ist eine Frechheit. Was soll denn die Überraschung in der Stimme? Ist das so untypisch für mich?

Auch sehr gefährlich: »Richtig schön erholt wirkst du nach dem Urlaub.«

Und vorher? War ich weiß wie die Wand und wirkte so unfrisch wie eine getrocknete Tomate? Findest du etwa, ich hatte den Urlaub dringend nötig? Und selbst, wenn das stimmt – sah man mir das etwa an???

Ganz gefährlich sind Komplimente nach Gewichtsverlust, denn sie implizieren eigentlich immer, dass man vorher eine Wuchtbrumme war. Mir sagte mal ein Freund meines Mannes, nachdem ich ein paar Kilo abgenommen hatte: »Ich hätte dich kaum erkannt.«

Wie bitte??? War ich etwa vorher so fett? Und überhaupt, sollte ich daraufhin entgegnen:

»Hör mal, das waren drei Kilo, wie dick hast du mich bitte in Erinnerung?«

Wohl nicht. Ich zog es vor, heimlich zu schmollen.

Mir ist da fast die Freundin einer Freundin lieber, die verpackt ihre Kritik an meinem Äußeren nicht in Komplimenten, sie schmiert sie mir direkt aufs Brot.

Als ich neulich ihre Hochsteckfrisur lobte, sagte sie nur kühl: »Mit deinem dünnen Haar geht das nicht.«

Ein anderes Mal waren wir auf einer Party eingeladen, eine gemeinsame Freundin wurde 55. Meine Bekannte sah sich um und sagte:

»Ich senke hier ja ganz schön den Altersdurchschnitt.«

Dabei ist sie nur drei Jahre jünger als ich.

Aber was sagt man in solchen Momenten? Ich für meinen Teil: nichts. Ich lächele dümmlich, bis mein Hirn verarbeitet hat, dass ich gerade beleidigt wurde. Dann ziehe ich eine Flunsch. Und bastele mental tagelang an einer passenden Antwort, einer, die sitzt, die der Bekannten ihre Unverschämtheit vorführt ohne selbst zu unverschämt zu sein.

Als ein Verkäufer auf dem Wochenmarkt neulich mit Augenzwinkern fragte, ob ich seine Sugar Mama sein wollte, war es mal wieder so weit. Ich war gekränkt. Wollte der sagen, ich sei alt? Ich lächelte, um nicht die beleidigte Leberwurst zu geben, denn das erschien mir eine sehr unsouveräne Reaktion zu sein. Er reichte mir ein Paket Eier und meinte:

»Sorry, die sind ein bisschen groß für die Verpackung.«

»Ist dein Lebensmotto, oder?« konterte ich.

Schön, wenn das zur Abwechslung mal gelingt.

Einer Löwin ist egal, was die Antilopen hinter ihrem Rücken reden.

13. Kapitel

ILLUSION NR. 13: »AB EINEM GEWISSEN ALTER ZÄHLEN INNERE WERTE«

Meine Tante Renate hat das damals sicher gut gemeint. Sie wollte mich trösten, als ich mal wieder heulte wegen der Biber-gegen-Reh-Nummer, den vererbten schweren Knochen, der fehlenden Grazie – siehe Kapitel zwei.

»Ich bin die fetteste in der Klasse«, sagte ich wie so oft eines Tages beim Biss ins Leberwurstbrot und schniefte.

»Ach«, entgegnete Tante Renate und strich sich fingerdick Margarine aufs Graubrot. »Wenn du erst mal so alt bist wie ich, kannst du dir fürs Dünnsein auch nichts mehr kaufen. Da zählen andere Werte.«

Es war nicht das, was ich hören wollte (das wäre gewesen: »Aber du bist doch dünn!«). Ganz sicher war es nicht das, was meine Tränen trocknete, denn was bitte konnte wichtiger sein als Dünnsein? So ein Quatsch. Und trotzdem wartete ich von da an auf den Tag, an dem meine zahlreichen anderen Vorzüge wichtiger sein würden, etwa die Tatsache, dass ich mit den Ohren wackeln und ein Glas Tequila zehn Meter lang auf der Zunge balancieren konnte.

Heute, da ich etwa in Tante Renates damaligem Alter bin, weiß ich: Sie hat Recht gehabt. Und auch nicht. Denn einerseits wollen wir zwar immer noch alle möglichst dünn sein. Andererseits zählen heute wirklich auch andere Werte.

Leider nicht unbedingt die, die ich mir erhofft hatte.

DAS RICHTIGE AUTO

Nein, nicht nur unter Männern ist das Auto ein wichtiges Erkennungsmerkmal, ob man sich in guter Gesellschaft befindet. Dabei geht es bei den meisten Frauen weniger darum, wie viel PS so ein Gefährt hat, sondern einfach darum, ob der Style passt. Es gibt bestimmte Marken, die fährt man einfach nicht in unserem Alter. Für mich ist das insofern nicht einfach, weil ich »markenblind« bin. Ich sehe einfach nicht, was andere für Autos fahren, weil es mir so wahnsinnig egal ist. Ein Auto muss für mich fahren, mehr nicht. Wenn mein Mann mich fragt, in was für einem Auto ich von einer Kollegin abgeholt wurde, muss ich lange überlegen, um antworten zu können:

»Es war blau.«

Trotzdem habe ich verstanden, dass für andere Frauen Autos ein Wert sind. Und dass es bestimmte Codes gibt, an die man sich besser hält.

Zu groß ist dekadent.

Zu knallige Farbe heißt prollig.

Zu alt geht eigentlich nicht, denn retro hat Stil, es sei denn, es handelt sich um einen alten Panzer.

Auf gar keinen Fall zu offensichtlich personalisierte Nummernschilder wie das Geburtsdatum der Kinder nehmen, das gilt als kitschig.

In Hamburg herrscht auch in Sachen PKWs Understatement. Ein kleiner Flitzer in gedeckter Farbe bringt höheres Ansehen als ein matt lackierter Sportwagen. In richtig reichen Familien gilt allerdings: Je zierlicher die Frau, desto größer der Geländewagen. Bei Hipstern gilt: Je weniger Karosserie, desto besser. Sprich: möglichst ein Cabrio, besser noch ein Motorrad, oder gar: kein eigenes Gefährt, sondern Car Sharing und ansonsten ein Fahrrad zum Preis eines Kleinwagens.

Ich habe außerdem Folgendes beobachtet: Je teurer das Auto, das eine Frau fährt, desto weniger kann sie damit umgehen. Ich habe mehrere Freundinnen, die von sich sagen, sehr schlechte Autofahrerinnen zu sein, und wer wäre ich, ihnen zu widersprechen? Oft haben ausgerechnet diese Damen Partner mit Autobild-Abo, die ihnen Geschosse vor die Tür stellen, die dafür produziert wurden, 200 aus dem Stand zu schaffen. Meine Freundinnen fahren damit nur auf dem rechten Fahrstreifen und niemals über 130 km/h. Ich muss jedes Mal grinsen, wenn ich zuerst einen sehr lauten Auspuff höre und dann Lisa in ihrem Flitzer erblicke, das Steuer fest umklammert, die Nase an die Windschutzscheibe gedrückt.

Ich persönlich fahre kein teures Auto, aber bin trotzdem eine äußerst ängstliche Autofahrerin. Was da alles passieren kann, wenn ich Teil des Straßenverkehrs bin. Wenn es legal möglich wäre, würde ich mir Mut antrinken, bevor ich auf die Autobahn muss. Ich breche manchmal schon Stunden vor einem Termin auf, weil ich ahne, wie oft ich im Kreis kurven werde, bis ich einen Parkplatz gefunden habe, den ich mir und unserem Auto zutraue. Es ist übrigens ein ganz normales Auto. Offenbar zu normal für uns. Eine Nachbarin, der ich regelmäßig in der Tiefgarage begegne, traute sich Jahre später, mir zu gestehen:

»Ich hätte nie gedacht, dass das euer Auto ist.«

Ich bin mir bis heute nicht sicher, ob die Beleidigung uns oder unserem Auto galt.

DAS RICHTIGE VIERTEL

Um das vorwegzunehmen – ich wohne auf der falschen Alsterseite. Die richtige in Hamburg ist die linke Seite und auf der ist es dann quasi schon egal, wo genau die Wohnung ist. Elbvororte, Hoheluft, Eimsbüttel, Schanze, Eppendorf – diese Viertel unterscheiden sich quasi nur in der Größe der Rasenfläche ums Haus und der Menge der Tattoos der Anwohner. Aber: alles fein und unverdächtig. Die rechte Alsterseite jedoch ist von vorne herein nicht nur die zweite Wahl – es macht hier auch einen großen Unterschied, wo genau man wohnt. Uhlenhorst hat Tradition, St. Georg bekommt einen Coolness-Bonus, aber wenn man »Wandsbek« sagt, muss man schon hinzufügen, dass es dort »mittlerweile auch sehr schöne Ecken gibt« oder »das Viertel ja gerade sehr im Kommen« ist. Für die meisten Gebiete auf der falschen Alsterseite bleibt diese Prognose jedoch leider unerfüllt.

Ich hatte mir darüber wenig Gedanken gemacht, als ich von Eppendorf nach Winterhude zog. Von links nach rechts. Für mich sahen die Leute, die hier wohnten, alle gleich blond gesträhnt und hanseatisch stilvoll aus wie auf der anderen Seite. Trotzdem bemerkte ich bei alteingesessenen Hamburgern den ein oder anderen über diese Entscheidung die Nase rümpfen.

»Ob wir da noch so oft vorbeikommen.«

»Ist ja leider nicht so gut angeschlossen.«

»Mensch, da bin ich gespannt, ob ihr euch wohlfühlt.«

Wir sprachen nicht von einem Umzug ans andere Ende von Deutschland, sondern von einem mit zwei Kilometern Luftlinie Entfernung.

Worüber ich mir noch weniger Gedanken gemacht hatte, ist die Tatsache, dass wir an eine kritische Grenze gezogen waren. Die Straße, die Winterhude von Barmbek trennt. Für alle Nicht-Hamburger: Winterhude ist der 1. FC Köln. Und Barmbek der FC Bergheim. Oder, anders gesagt: In Winterhude wohnt Reinhold Beckmann. In Barmbek der Typ, der ihn zum Sender fährt. Allen Gentrifizierungsgerüchten zum Trotz ist das noch so, und diese Grenze wird durchaus ernst genommen.

Wir wunderten uns jedenfalls über die für Hamburg recht moderaten Mietpreise unserer Wohnanlage.

»Tja, falsche Seite der Straße«, sagte der Makler. Ein Satz, den ich noch häufiger hören sollte. Wie, wir sind nicht im Einzugsgebiet für DIE Grundschule? Warum sind wir nicht zu diesem Sommerfest eingeladen? Warum lag in unserem Postkasten nicht die Speisekarte des neuen In-Vietnamesen? Antwort? Genau: »Tja, falsche Seite der Straße.«
Wir waren also nicht nach Winterhude gezogen, wie wir gedacht hatten, sondern nach Barmbek.

Nachdem ich über die für uns zuständige Grundschule, in die auch Problemkinder gehen (»Das ist dir bewusst, oder?«), das verpasste Sommerfest und die falschen Flyer im Briefkasten hinweggekommen war, entdeckte ich das Potenzial dieses Umstandes. Ich sage jetzt manchmal im Gespräch mit anderen Eltern, die Luftlinie keine 50 Meter entfernt wohnen, aber eben auf der »richtigen« Seite:

»Ich finde es toll, dass mein Sohn Erfahrungen mit allen möglichen anderen Kulturen sammelt.«

Oder:

»Mich würden die ganzen Schickimickis mit ihren 2000-Euro-Kinderwagen in Winterhude ganz schön nerven. Ist irgendwie mehr Down-To-Earth bei uns.«

Oder:

»Du, wir sind hier ja so schlecht angeschlossen, ich bin nicht sicher, ob wir es am Freitagnachmittag zu eurer Laternenbastel-Party schaffen.«

Unsere geografische Lage eignet sich auch wunderbar, um Kinder, die mir unsympathisch sind, weil sie schon mit neun die Kragen ihrer pinkfarbenen Poloshirts hochstellen, von meinem Sohn fernzuhalten. Ich muss ihren Müttern einfach nur zurufen:

»Klar darf der Hubertus uns mal besuchen. Er kann ja mit dem Bus nach Barmbek kommen.«

Und schon wird das Play-Date immer wieder verschoben, weil Hubis Mutter dummerweise die nächsten Wochen ihres Kleinen mit Ergotherapie und Früh-Chinesisch verplant hat.

Ich hätte nie für möglich gehalten, dass so etwas wie die falsche Straßenseite tatsächlich hilfreich sein könnte.

DIE RICHTIGE KINDER-PARTY

Ach, überhaupt, Kinder. Haben unsere Mütter sich früher auch darüber definiert, ob wir mit vier schreiben konnten oder wie gern wir rohen Fisch aßen? Natürlich nicht! Ich habe das Gefühl, dass der Nachwuchs für unsere emanzipierte Generation in so hohem Maße zur Bestätigung unseres Selbst geworden ist, dass es manchmal nur schwer zu ertragen ist. Das gilt für all die Gedanken, die wir uns um die richtige Erziehung machen, die richtige Kleidung, den richtigen Fahrradhelm. Ums ständige Helikoptern um sie herum.

Und im besonderen Maße um Kindergeburtstage.

Als mein Sohn noch ein Baby war, erzählte mir eine Kollegin, dass es auf Kindergeburtstagen jetzt Goodie-Bags gäbe wie bei Fashion Shows. Darin seien Geschenke und Süßigkeiten für die Kleinen und die Mütter würden geradezu einen Wettbewerb daraus machen, welche Tasche schöner, voller und origineller sei. Manchmal sei schon der Beutel an sich mehr wert als das Geschenk, das man mitgebracht habe, ganz zu schweigen von den Bonbons mit Initialen darin, den Glow-in-the-Dark-Aufklebern und Superhelden-Flicken. Ich lachte mich kaputt über diese Geschichten und sagte einen dieser Sätze, die man als junge oder Noch-nicht-Mutter sagt und die einem irgendwann unwiderruflich um die Ohren fliegen werden:

»Da werde ich auf keinen Fall mitmachen.«

Dann kam mein Kind in ein Alter, in dem es zu den ersten Kindergeburtstagen eingeladen wurde. Es brachte Goodie Bags mit, die so prall gefüllt waren, dass es sie allein nicht mit seinen kleinen Händchen tragen konnte. Und sobald es sprechen konnte, äußerte es Wünsche:

»Bei mir gibt es Batman-Geschenke, ja?«
»Kannst du in meine Tüten Wasserbomben machen?«
»Bitte bitte nur mit gelben Maoams.«

Was hätte ich tun sollen? Eine Revolution starten? Meinem Kind erklären, dass es das bei uns nicht gäbe und alle damit leben müssten? Obst schnitzen und in kompostierbaren Tüten verteilen? Ich gebe zu: Ich war nicht stark genug. Ich fügte mich meinem Schicksal und: machte mit.

Ich musste erkennen, dass Kindergeburtstage mit bestimmten Erwartungen der Eingeladenen einhergehen. Nicht nur mit denen einer fetten Goodie Bag, sondern auch folgenden:

- Es muss ein gewisses Programm vorbereitet sein. Wenn zu lange nichts passiert, fragt irgendwer: »Was kommt als nächstes?« Und die meinen nicht Topfschlagen, sie sind es gewohnt, dass jemand sich richtig was für sie ausgedacht hat, das entweder täuschend real aussehende Waffen oder echte Pferde beinhaltet.
- Es muss ein ausgefeiltes Menü geben, nur Marmorkuchen war gestern. Auf Geburtstagstorten heute sind Fotos der Kinder, Feuerwehrmann Sam oder wenigstens von der Mutter handgeformte mehrfarbige Mini-Marzipantiere.

- Einfach nur Konfetti ist nicht. Der Geburtstag braucht ein Motto. Bei Jungs sind das oft Spiderman und Co., bei Mädchen alles was glitzert oder in hohen Tönen singt. Dieses Motto wird durchgezogen: Von den Helium-Ballons bis zum Pappteller bis hin zur Farbe, die für die Schnitzeljagd-Hinweise verwendet wird.
- Die Mütter (machen wir uns nichts vor, es sind ja meistens die) bekommen beim Abholen qualitativ hochwertigen (meist Rosé-)Prosecco angeboten, je nach Einkommen und Ehrgeiz der Gastgeberin mit (selbst gemachtem oder beim Caterer bestellten) Fingerfood. Obwohl ihre Kinder zu diesem Zeitpunkt bereits vom vielen Zucker und hohen Geräuschpegel völlig überdreht sind und mitunter heulend an ihren Strumpfhosen ziehen, bleiben die Mamas so lange, bis sie in Ruhe aufgegessen, ausgetrunken und die neuesten Stories ausgetauscht haben. Nicht, dass irgendwer denkt, die Sache sei um 18:15 Uhr durch.

Mit jedem weiteren Jahr und jeder weiteren Kerze auf dem Kuchen wurde mir bewusster:

Wir haben ein Monster geschaffen und wir bekommen es nicht mehr zurück in die Höhle.

Kindergeburtstage sind heute ein Marathon an Organisation, Ideen und Kosten, den man entweder mitmacht – oder nicht, womit man in Kauf nimmt, sein Kind ins soziale Aus zu befördern.

Vieles wird mit zunehmendem Alter der Kinder einfacher. Ausscheidungsvorgänge, Schlafen, Schuhe anziehen – nur Kindergeburtstage nicht. Kindergeburtstage werden immer schlimmer, weil die Eingeladenen so verwöhnt sind von den Events der anderen, dass ich längst den Gedanken aufgegeben habe, den Geburtstag auszurichten, der sie noch überraschen könnte. Von dem sie noch Wochen später zu meinem Sohn sagen: »Ey, deine Party, Digga! Mega!«

Ich fahre eine Strategie, die sich in Bezug auf mein Kind in vielerlei Hinsicht bewährt hat. Ich bemühe mich, es nicht zu blamieren und verzichte ansonsten darauf, überhaupt zu versuchen, mitzuhalten. So wie ich lernte, dass schulterfreie Kleider für andere als mich erfunden wurden, lernte ich, dass die meisten besser sind auf diesem Gebiet. In mir steckt anders als in überraschend vielen anderen Müttern weder eine Eventplanerin noch eine Bastel-Queen noch eine Patissière. Ich bin eine Frau, die die Schwimmabzeichen ihres Kindes vom Änderungsschneider annähen lässt. Niemand erwartet von mir selbstgebackene mehrstöckige Geburtstagstorten aus Regenbogenteig. Am wenigsten – ein Glück – mein eigener Sohn.

DIE RICHTIGE ERNÄHRUNG

Wenn nicht gerade Kindergeburtstag ist und die Mäuse mit Bonbonketten und anderen Zuckerbomben beworfen werden, entscheidet heute auch die Ernährung einer Familie über ihren Platz in der Gesellschaft. Auch hier handelt es sich um einen schmalen Grad, auf dem es zu balancieren gilt. Die meisten bemühen sich um den Kauf von Bio-Gemüse, nicht jeden Tag Fleisch und Cornflakes ohne Zuckerzusatz. Eines der schlimmsten Urteile über andere lautet:

»Jona und Marie haben bei den Meyers wieder Eis gekriegt.«

Aber, bei allem Gesundheitsbewusstsein: Mütter heute wollen auch locker sein, nicht zu verkrampft. Einfach mal einen Pfannkuchen in die Pfanne hauen. Einfach mal Fischstäbchen machen. Den Sushi-Mann rufen. Aber, wie gesagt, zwischen Lockerheit und Lottertum verläuft ein schmaler Grad. Als ich mal in meinem Wunsch, dazuzugehören, in so einem Gespräch erwähnte, mein Anderthalbjähriges mit Döner gefüttert zu haben, sah ich in den Augen der anderen den Zweifel daran, ob ich wirklich hätte Kinder bekommen sollen.

Eher mit wohlwollendem Augenverdrehen wird die militante Bio-Fraktion beäugt. Zu öko will man auch nicht sein. Ökologisches Bewusstsein ja, aber die physikalische Sonnenmilch klebt. Und die Bio-Baumwoll-Klamotten sind leider nicht mit den ästhetischen Ansprüchen an und von Kindern heute vereinbar. Gibt es weder mit Starwars drauf noch mit der Eiskönigin.

Als mein Kind noch im Alter fürs öffentliche Planschbecken war, saß ich mal nach der Kita mit einer Gruppe Mütter auf einer Bank, als ein Vater sich auf seinem Lastenfahrrad näherte. Die anderen begannen zu flüstern.

Diese ökologisch abbaubaren Birkenstock-Fakes!

Dieser 50-Plus-Sonnenhut seines Sohnes!

Beim Friseur waren die auch lange nicht.

Und am schlimmsten: Die Snacks, die er mitbrachte und die uns anderen, die ihr schlechtes Gemüse-Gewissen mit Quetschies und Trockenobstriegeln beruhigten, in ein Rabenmutterlicht rückte. Während besagter Vater sein Kind aus dem Fahrradsitz hob, mit weißer Zink-Bio-Sonnencreme eincremte und ihm bräunliche (ungeschälte!) Birnen-Stücke in die Hand drückte, raunte mir eine Mutter zu:

»Wenn er jetzt wieder den selbstgemachten grünen Smoothie rausholt, kotze ich.«

DIE RICHTIGEN HOTSPOTS

»Wohin fahrt ihr nach Mallorca?« ist eine gefährliche Frage. Im Ernst, man kann ja so viel falsch machen. Auf die unpopuläre Küstenseite nach Mallorca zu reisen ist in etwa das Äquivalent zu Diddle-Mäppchen. So vorgestern! So Neunziger!

Nein, das hört nicht auf, das Wissen-Müssen, was sich gerade gehört und was nicht. Was gerade angesagt ist und was schon längst wieder vorbei ist, hast du das noch nicht mitbekommen?

Ich bin manchmal so vertieft in meine Arbeit und Wäscheberge nach Fußballturnier-Wochenenden, dass ich wichtige Dinge verpasse. Ich meine Ereignisse im Weltgeschehen. Aber auch, dass Cowboystiefel nicht mehr in sind. Oder Hüftjeans. Oder ein Restaurant. Oder eine Küstenseite.

»Ihr geht noch zu Sergio?«, fragt dann jemand und ich merke schon an der Frage, dass ich etwas falsch gemacht habe.

Meine Großtante antwortete einmal, als ich sie fragte, warum wir nicht in eine der Eisdielen bei ihr im Ort gingen, dass man dahin einfach nicht gehe. Punkt.

»Wir fahren nach Cala Ratjada«, ist daher eine riskante Aussage. Die in etwa diese Antwort erhalten wird:

»Ah, da waren wir früher auch immer. Ist das nicht sehr überlaufen mittlerweile?«

ABER!

Aber, und das möchte ich bei allem Spaß und aller Lästerei noch einmal ganz deutlich sagen: Natürlich zählen in unserem Alter auch innere Werte. Und ich finde wirklich, dass dieses Verständnis zunimmt. Dass wir mit zunehmender Erfahrung andere milder beurteilen und schneller erkennen, dass jemand zwar vielleicht die falsche Frisur, das falsche Auto und den falschen Lieblingsitaliener hat, aber man sich ganz großartig mit ihm unterhalten kann. Dass er unseren Horizont erweitert, uns inspiriert und über Dinge nachdenken lässt, über die wir ohne ihn vielleicht nie nachgedacht hätten. Dass er jemand ist, der auch unsere Schwächen großzügig hinnimmt und anerkennt, was wir trotzdem zu bieten haben. Der dir zuhört und wirklich wissen will, was du zu sagen hast. Dem es am Ende egal ist, dass du immer noch Snoopy-Pyjamas trägst und dir jeder Kuchen misslingt, sogar wenn du Backmischungen nimmst. Für den zählt, was du in Krisenzeiten im Herzen trägst. Und zum Naschen in deiner Handtasche. Und ob du bereit bist, beides zu teilen.

Mein Kühlschrank ist das beste Beispiel dafür, dass innere Werte wichtiger sind

14. Kapitel

ILLUSION NR. 14: »NACH 30 VERÄNDERT MAN SICH NICHT MEHR GROSS«

Irgendwie dachte ich das immer. Dass man irgendwann »fertig« ist. Dass man nach dem Studium oder der Ausbildung endgültig seine wahre Rolle in der Gesellschaft gefunden und damit begriffen hat, wer man ist und sein will.

Ihr ahnt es: Auch das hat sich als Illusion herausgestellt. Das mit dem Verändern, das hört nämlich nie auf. Zum Glück. Sicher, ein Grundtypus unserer Persönlichkeit ist irgendwann festgelegt. Macht euch keine Hoffnungen, aus einem Messie-Ehemann formt ihr keinen T-Shirt-im-rechten-Winkel-Falter mehr. Aber: Jeder von uns hat Anteile einer Persönlichkeit in sich schlummern, die sich eventuell mit zunehmendem Alter ihren Weg bahnen, wenn man sie lässt. Das können gute Eigenschaften sein wie eine plötzliche Altersmilde, die man einer strengen Person nie zugetraut hätte. Eine Lässigkeit, die jemanden überkommt, der früher immer angespannt war. Oder eine Herzlichkeit, die sich bei jemandem zeigt, den man bisher eher für ein menschliches Gefrierfach gehalten hatte.

Das Gleiche gilt für manche negative Eigenschaften – warum sonst gäbe es so viele querulantische Rentner? Ich glaube nicht, dass sie immer schon am Rande der Straße standen und Fahrradfahrern »falsche Seite!« zubrüllten. Das Leben hat sie so werden lassen. Es hat dieses Besserwissen, andere ermahnen, Polizist sein in ihnen herausgekitzelt. Vielleicht haben sie erlebt, dass es schiefgehen kann, wenn man Regeln nicht befolgt. Vielleicht hat das Leben ihnen harte Proben geschickt, bei denen selbst der größte Spaßvogel kein Sonnenschein bleiben konnte.

»Wir haben alle unser Päckchen zu tragen«, sagt meine Tante Renate immer, und hat auch damit Recht. Man sammelt über den Lauf seines Lebens ein paar Dinge an, die man lieber nicht erlebt hätte. Man steckt Enttäuschungen ein, Niederlagen und Verluste.

Man wird betrogen, belogen und verlassen. Man betrügt, belügt, verlässt. Man erfährt, dass Freundschaften und Lieben mitunter nicht für die Ewigkeit gemacht sind, auch wenn wir fest daran geglaubt haben. Wir distanzieren uns von Familienmitgliedern, die wir in unserer Naivität früher vergöttert haben und später, bei klarem Verstand, als die sahen, die sie wirklich sind. Wir werden selber krank oder erleben die Krankheit derer, die uns nahestehen – je älter wir werden, desto häufiger. Manche davon lebensbedrohlich. Manche tödlich.

All das hinterlässt Spuren auf unserer Seele. Je nachdem, wie wir gestrickt sind, ziehen wir uns vielleicht mehr in uns zurück nach solchen Einschlägen. Bauen einen Wintergarten und buddeln dort allein in der Blumenerde, weil uns das Sicherheit und Ruhe schenkt. Oder wir gehen den umgekehrten Weg. Glauben, dass das Schicksal uns eine Nachricht geschickt hat – jetzt erst recht. Gehen zum Ü40-Videodance-Kurs, schneiden das Haar asymmetrisch, tanzen expressionistisch bei Straßenfesten und erzählen jedem, der es hören will oder nicht, wie kostbar das Leben ist und dass wir es feiern müssen.

Genauso können positive Erlebnisse uns verändern. Erfolge, plötzlicher Reichtum, eine spät entdeckte Leidenschaft, eine neue Freundin, die sich als herrlich verrückt herausstellt.

Manche Frauen erleben mit 50 plötzlich noch mal die große Liebe. Manche sogar mit dem eigenen Mann. Da werden Gefühle hochgeschwemmt, die sie längst begraben hatten für dieses Leben. Und dann buchen sie plötzlich das Baumhaus auf Sri Lanka im Yoga-Surfcamp. Und lassen sich ein kleines Tattoo mit seinen Initialen ans Handgelenk stechen. Und du dachtest immer, sie sei die Art Frau, die jeden Abend die Balkonmöbel mit Folie abdeckt. Und dann siehst du sie plötzlich in der Dämmerung auf dem schon klammen Rasen des Gemeinschaftsgartens liegen, mit ihm, Hand in Hand. »Was macht ihr da?«, fragst du, schon das Telefon für den Notruf in der Hand. »Wir zählen Sternschnuppen«, sagt sie und du bist nicht sicher, ob es sich schon um Alterswahnsinn oder einfach nur ein Wunder handelt.

DIE INNERE CHEFIN

Manche erleben so eine Erweckung durch den Beruf. Ich habe eine Freundin, die sehr klein und zierlich ist und eigentlich immer schon zehn Jahre jünger aussah als sie ist. Klingt super, sagt ihr? Ja, einerseits ist das beneidenswert. Andererseits steckt in dieser kleinen Freundin eine große Chefin, die immer rauswollte. Aber sie wurde stets unterschätzt. Hat sich grummelnd in die zweite Reihe eingeordnet, während der Ehrgeiz in ihr mit den Hufen scharte, weil sie eigentlich so viel mehr konnte und endlich allen sagen wollte, wie es besser ging. Bis eines Tages eine neue Vorgesetzte kam und in ihr sah, was bisher alle anderen hinter den Apfelbäckchen übersehen hatten. Sie beförderte sie. Und endlich brach sich all das, was jahrelang hatte warten müssen, Bahn. Mit jedem Tag in ihrer neuen Position schien sie ein Stückchen größer, reifer, stärker. Dass sie endlich allen zeigen konnte, was sie draufhatte, wirkte sich auf ihren Gang aus, auf ihre Stimme und auf ihre Mimik. Sie wurde zur Chefin, buchstäblich. Für ihr Selbstbewusstsein war das super, denn endlich durfte sie sein, was sie ohnehin tief in ihr drinnen immer gewesen war. Für uns Freundinnen war es manchmal schwierig, denn sie gewöhnte sich diesen Ton auch uns gegenüber an. Alles in allem aber freuen wir uns für sie, denn so glücklich hatten wir sie nie zuvor erlebt.

Ich frage mich manchmal, was aus ihr geworden wäre, wenn nicht diese eine andere Frau ihr eine Chance gegeben hätte. Wenn sie für immer aus der zweiten Reihe hätte arbeiten müssen. Ich vermute, es hätte eine gewisse Bitterkeit in ihr ausgelöst, einen harten Zug um den Mund, einen schalen Neid auf all die, die Positionen bekamen, die eigentlich ihr gebühren und die diese schlechter ausfüllen. Ich bin sehr froh, dass es nicht dazu gekommen ist.

Was für ein Mensch wohl die Autorin E.L. James ist, die mit *50 Shades of Grey* DEN Weltbesteller der letzten Jahre landete? Überall liest man, sie sei vorher Hausfrau gewesen, sie habe sich gelangweilt und deswegen angefangen zu schreiben. Doch wenn man den Porträts über sie Glauben schenkt, hat der Erfolg auch in ihr etwas herausgekitzelt, was da irgendwo geschlummert hat. Am Set für die Verfilmungen etwa soll sie dabei gewesen sei, auf jedes Detail Einfluss genommen und die Regisseurin damit an den Rand des Wahnsinns getrieben haben. In der angeblich trägen Hausfrau steckte offensichtlich eine Macherin, jemand, der genau weiß, was er will und der anderen gerne sagt, was sie zu tun und zu lassen haben. Ich würde dazu gern mal ihren Ehemann hören. Ich bin mir sicher, dass aus seiner Frau durch den Ruhm eine andere geworden ist, als er je für möglich gehalten hätte.

Ich merke an mir selbst auch eine Veränderung, wenn ich zurückblicke und überlege, wer ich mit 30 war. Ich traue mir heute mehr zu. Ich sage öfter »nein« mit weniger schlechtem Gewissen. Ich habe gelernt, aufs Schicksal zu vertrauen, weil es mir bisher immer neue Möglichkeiten geschickt hat. Ich habe warten gelernt, statt alles frühzeitig durchzuplanen, weil sich das bewährt hat. Ich war immer schon optimistisch, aber ich habe es mir abgewöhnt, in wichtigen Situationen eine Zweckpessimistin zu sein, weil das nur Energie vergeudet. Und auch ich kehre manchmal die Chefin raus, die irgendwo in mir schlummert. Wie schon früher mal erwähnt, halte ich mich nicht für eine gute Führungskraft. Aber über Dinge, die mir wichtig sind, will ich bestimmen. Wenn auch auf sanfte Weise, weil es meinem Wesen entspricht. Aber herumschubsen wie mitunter mit 30 lasse ich mich heute nicht mehr, und darüber bin ich froh.

ACH, KINDER!

Eine der großen Illusionen übers Kinderkriegen ist die Tatsache, dass uns das nicht verändern wird. Dass wir selbstverständlich noch die Alten bleiben, die abends mit wehendem Haar aus der Kneipe nach Hause radeln und niemals auf die Uhr gucken, wenn es gerade schön ist.

Alle, die Kinder haben, wissen, dass das nicht stimmt. In den ersten Jahren als Eltern steht das Leben Kopf und nichts ist mehr da, wo es mal war. Mit den Jahren, wenn die Kleinen größer werden, bekommen wir vieles von unserem alten Leben zurück: wieder mehr Schlaf, mehr Freizeit, mehr Selbstbestimmung.

Aber wir sind nicht mehr die gleichen. Wir sind jetzt Frauen, deren Herzen verletzlich sind. Noch verletzlicher als vorher. Wir hängen auf eine Art und Weise emotional an diesen größer werdenden Menschlein, die uns angreifbar macht. Neue Gründe gibt, nachts wach zu liegen und neue, völlig unangekündigt auszurasten, weil etwas nicht so lief, wie wir es uns vorgestellt hatten.

Kinder machen glücklich, ja, absolut.

Aber Kinder machen auch nervlich instabiler. Wir sind einfach schneller auf hundertachtzig, egal, ob sie 6 Monate, 6 oder 16 Jahre sind. Weil sie uns auf eine Art und Weise beanspruchen, die wundervoll, aber auch enorm kräftezehrend ist. Die uns uns selbst immer wieder infrage stellen lässt.

Machen wir das gerade richtig?

Haben wir ihnen das Wichtigste mitgegeben, um zurechtzukommen? Oder werden sie irgendwann vor ihrer Therapeutin sitzen und über ihre zu kontrollierende/zu strenge/zu antiautoritäre Mutter lamentieren, die ihnen durch ihre Art Steine in den Weg gelegt hat?

Wir wollen immer nur das Beste für unsere Kinder, und das macht es für uns und für sie mitunter nicht leicht.

Mein Sohn ist noch vor der Pubertät, aber ich beobachte Freundinnen, die durch das Erwachsenwerden ihrer Kinder gerade durch schwere Zeiten müssen. Dass deren Jugend uns unser Älterwerden erst richtig vor Augen führt, ist noch das geringste Problem. Denn eine Teenie-Mama zu sein, heißt, sich ständig zu fragen, welche Werte man eigentlich vorleben will. Inwieweit man sich ein gewisses eigenes Jugendlichsein noch gönnen kann, und ab wann es peinlich und verzweifelt wirkt. Was man erlauben, wo man vertrauen, wo man eingreifen und laufen lassen will. Es heißt, vor Referaten mit aufgeregt zu sein und bei Liebeskummer am liebsten der Zicke mal richtig die Meinung zu geigen und doch einfach ausharren und trösten zu müssen, wenn Trost erwünscht ist, weil es uns nichts angeht. Aber ihr Herz brechen zu sehen ist schlimmer als unser eigenes. Alles, was ihnen passiert, potenziert sich und lässt uns mitfühlen. Das ist ein Grund, warum Mütter ständig heulen.

Das Seepferdchen bestanden? Fühlt sich für eine Mutter an wie Olympisches Gold.

Bei der Schulaufführung einen Satz gesagt? Der Stolz einer Mutter reicht für die Royal Albert Hall.

Die mündliche Abiturprüfung mit eins bestanden? Der einzige Moment, in dem ich meinen Vater öffentlich weinen sah. Nichteltern halten solche emotionalen Ausbrüche oft für Überhöhung oder übertriebenen Ehrgeiz. Dabei ist das einfach die Potenzierung. Gepaart mit den Schleusen, die durch die Geburt geöffnet und nie wieder geschlossen werden. Und das nicht nur für Momente, in denen das eigene Kind singt. Sondern auch für gefühlvolle *Let's Dance*-Darbietungen, Umarmungen Fremder an Bahnhöfen oder Sportereignisse jeder Art. Ich war immer schon nah am Wasser gebaut, aber seit ich Mutter bin, weine ich mindestens einmal am Tag. Eine Werbung bei Facebook, in der Hunde, Kinder oder ältere Leute vorkommen, und mein Make-up ist hin. Manchmal reicht es schon, wenn ich an ein bestimmtes Video denke. Huch, es geht schon wieder los, entschuldigt mich...

Früher war nicht alles besser.
Wir waren nur jünger
und haben mehr getrunken.

15. Kapitel

ILLUSION NR. 15: »AM ENDE KRIEGT JEDE DAS, WAS SIE VERDIENT«

Ach, was wäre das schön, oder? Wenn es jemanden gäbe, der aufpasst, dass alles gerecht abläuft. Dass alle, die immer schön zu 50er-Sonnenschutz gegriffen haben, keine Altersflecken bekommen und jeder, der immer gut zu anderen war, im Alter im Lotto gewinnt. Wenn man sichergehen könnte, dass wenn man alles richtig macht im Leben und immer fair zu allen ist, man dafür auch entlohnt wird.

Leider läuft es nicht so, richtig? Wir können noch so an Gott oder das Schicksal oder Karma glauben – das Leben zeigt uns immer wieder anderes.

Die Nachbarin, die am liebevollsten zu ihrem Mann war und ihm am hingebungsvollsten den Rücken freihielt – die wurde vor einigen Monaten von ihm verlassen, für eine 15 Jahre jüngere Brasilianerin. Man darf es ja kaum laut sagen, aber es hätte viele andere gegeben, denen ich es eher gegönnt hätte. Weil sie oft gemein zu ihren Partnern sind, es selbst mit der Treue nicht so genau nehmen oder sich schlichtweg nicht besonders zu verstehen scheinen. Trotzdem, es traf sie.

Die Bekannte, die von allen am gesündesten lebte – bekam Brustkrebs. Nie geraucht, nie getrunken, vegetarisch ernährt, immer zur Vorsorge gegangen, täglich meditiert – und trotzdem erwischt. Fair? Von wegen!

Eine andere Bekannte, die früher in der Kneipe arbeitete und deren Stimme man das immer noch anhört, hat Zeit ihres Lebens eine Packung am Tag geraucht und dazu Wein getrunken, sie hatte ledrige Haut von der Sonnenbank und so etwas wie einen Hausarzt besaß sie nicht mal, als sie mit 95, unabhängig und fit bis zum letzten Tag, in ihrer eigenen Wohnung friedlich einschlummerte.

Fair? Logisch? Zufall?

Hat das Leben manchmal nicht im Angebot. Es sind nicht immer die dünn, die am meisten Sport machen, manche halten bis ins hohe Alter ihre Traumfiguren beim auf dem Sofa sitzen, während andere täglich auf dem Hometrainer schwitzen und man es ihnen doch nicht ansieht.

Und trotzdem, trotz aller offensichtlicher Ungerechtigkeit, bleibt es mein Lebensmotto: Dass alles aus einem Grund geschieht. Und dass das Schicksal schon so seine Pläne mit uns hat, die immer die Chance beinhalten, gut zu enden. Keine Frage, wenn Menschen sterben oder andere schlimme Dinge passieren, ist diese Regel nicht mehr haltbar. Warum bitte sollte das einen Grund haben? Wofür sollte das gut sein? Aber auch dann, daran halte ich mich fest, haben wir die Möglichkeit, das Richtige zu tun. Den Weg zu gehen, der es uns am besten ermöglicht, weiterzumachen.

Die Bekannte, die an Brustkrebs erkrankte, hatte Glück, es geht ihr heute wieder gut. Sie sagt, sie hat zwischendurch gehadert mit ihrem Schicksal. Aber sie hat sich immer gesagt: Wenn ich das hier schaffe, mache ich anders weiter. Bewusster, weniger dogmatisch, freier. Sie lebt immer noch gesund und gewissenhaft. Aber sie weiß jetzt, dass das keine Garantie ist. Und sie erlaubt sich Sünden.

Die Nachbarin, die von ihrem Mann verlassen wurde, hat ein Höllenjahr hinter sich. Sie weinte sich jede Nacht in den Schlaf und behauptet, den Schmerz überhaupt nur für ihre Kinder überlebt zu haben. Aktuell ist sie frisch verliebt. Sie sagt, dass sie nicht weiß, was daraus wird. Aber dass es weitergehen wird, dass es besser wird, das weiß sie jetzt sicher. Sie sagt, dass sie nie verstehen wird, warum es ausgerechnet ihr passieren musste. Aber dass sie hofft, dass das Schicksal noch etwas mit ihr vorhat, dass es sie entschädigen wird. Und das hoffe ich mit ihr. Damit am Ende doch die Gerechtigkeit siegt.

Am Ende wird alles gut sein.
Und wenn es nicht gut ist,
ist es nicht das Ende.

SCHLUSSWORT

Während ich dieses Buch schrieb und mir so meine Gedanken zum Thema Älterwerden machte, ist mir etwas Wichtiges bewusst geworden:

Ich will gar keine 25 mehr sein.

Okay, ich hadere regelmäßig mit Körperteilen, die der Schwerkraft nachgeben. Ich schimpfe über Kissenfalten in meinem Gesicht, die sich auch bis mittags nicht entknittern. Ich leide unter Nackenblockaden und Spreizfüßen und der Tatsache, dass zwei Bauarbeiter neulich hinter mir her pfiffen, und als ich mich umdrehte, sagten:

»Ach ne, doch nicht.«

Aber: Ich weiß heute, wer ich bin. Ich renne seltener den falschen Zielen hinterher, den falschen Freundinnen, den falschen Männern. Ich frage mich nicht mehr täglich, was ich kann und was meine Aufgaben im Leben sind, weil ich meistens ganz gut mit beidem beschäftigt bin. Ich lasse mich weniger davon verunsichern, wenn andere klüger, schöner, erfolgreicher und dünner sind als ich. Weil ich einschätzen kann, dass auch die ihre Fehler haben. Dass ich genauso über Stärken verfüge, die andere sich wünschen würden. Ich habe gelernt, was ich wert bin. Mir und anderen.

Ich habe außerdem: tolle Freunde an meiner Seite, mich dauerverliebt, ein Kind bekommen und heranwachsen sehen, meinen Traumjob gefunden, meine Leidenschaften entdeckt.

Ich habe nie: einen Baum gepflanzt, etwas selbst genäht, einen Pokal gewonnen, für einen Halbmarathon trainiert, eine Visitenkarte von einem Model-Booker bekommen.

Ich habe erfahren, wie es ist: Freundinnen zu verlieren, das Herz gebrochen zu bekommen, beruflich zu versagen, menschlich zu enttäuschen, gesundheitlich an meine Grenzen zu kommen, Träume zerplatzen zu sehen.

Und ich habe all das überlebt. Das sage ich mir heute, wenn ich Altersflecken auf meinen Händen entdecke und kurz davor bin, deswegen einen hysterischen Anfall zu bekommen.

Wenn ich jungen Frauen nur einen Rat geben könnte, dann wäre es dieser:

Seid dankbar!

Seid dankbar für eure Gesundheit, denn sie hält nicht ewig.

Seid dankbar für euren Körper, denn schöner wird er nicht mehr. Es ist so eine Zeitvergeudung, mit angeblich überflüssigen Pfunden zu hadern, und glaubt mir, ich weiß genau, wovon ich rede.

Seid dankbar für die Möglichkeiten, die das Leben euch bietet und ergreift unbedingt diejenigen, die euch glücklich machen.

Seid dankbar für die Abenteuer, die auf eurem Weg liegen, und wagt so viele wie möglich davon.

Und all das möchte ich auch euch sagen, liebe Leserinnen, die ihr kurz vor der zweiten Lebenshälfte steht oder die ihr vielleicht bereits mittendrin seid:

Wagt weiter so viele Abenteuer wie möglich oder fangt endlich damit an!

Greift weiter nach allen Möglichkeiten, die euch glücklich machen!

Feiert euren Körper und die Geschichte, die er erzählt!

Und:
Lasst uns dankbar sein!
Für alles, was wir schon erlebt haben.
Für alles, was wir schon durchgestanden haben.
Für alles, was nicht mehr unser Problem ist.
Für jede Erfahrung, die wir sammeln durften.
Für jede Falte und Rille und Rolle, die uns einzigartig macht.
Für jeden winzigen kostbaren Moment.
Und für alles, was da noch kommt.

200 Seiten
Preis 16,99 € [D] | 17,50 € [A]
ISBN 978-3-86882-786-6

Alexandra Reinwarth
ICH BIN NICHT ALT, NUR SCHON SEHR LANGE JUNG
Warum dein Leben mit jedem Jahr besser wird

Eigentlich werden ja nur die anderen immer älter – an einem selbst geht die Zeit vollkommen spurlos vorüber. Zumindest so lange, bis plötzlich diese Falten auftauchen und man die Speisekarte im Restaurant in den Nebenraum stellen muss, um sie ohne Brille lesen zu können. Auch als Alexandra Reinwarth die 40 überschritt, waren das die ersten Anzeichen dafür, dass sich etwas veränderte, und wie sich im Laufe der Zeit herausstellte, war es nur der Anfang.

In ihrer unnachahmlich humorvollen Art widmet sich Bestsellerautorin Alexandra Reinwarth in ihrem neuen Buch dem großen Thema Älterwerden. Und weil es eben Alexandra Reinwarth ist, bleibt auch dieses Mal kein Auge trocken, es darf wie immer gelacht und auch sonst jedes Gefühl gezeigt werden.